世界文豪之

# 家 ★

Homes of World's Literary Giants

［日］阿部公彦　阿部贤一　楯冈求美　平山令二　著

许金龙　许若文　译

中国画报出版社·北京

图书在版编目（CIP）数据

世界文豪之家 / (日) 阿部公彦等著；许金龙, 许若文译. -- 北京：中国画报出版社, 2019.8 ISBN 978-7-5146-1724-5

Ⅰ.①世… Ⅱ.①阿… ②许… ③许… Ⅲ.①文学家－生平事迹－世界 Ⅳ.①K815.6

中国版本图书馆CIP数据核字(2019)第046180号
北京市版权局著作权合同登记号：图字01-2019-1299

SEKAI NO BUNGOU NO IE
© X-Knowledge Co., Ltd. 2016
Originally published in Japan in 2016 by X-Knowledge Co., Ltd.
Chinese (in simplified character only) translation rights arranged with X-Knowledge Co., Ltd.

### 世界文豪之家

[日] 阿部公彦　阿部贤一　楯冈求美　平山令二　著
许金龙　许若文　译

出 版 人：于九涛
责任编辑：郭翠青
版式设计：詹方圆
责任印制：焦　洋

出版发行：中国画报出版社
地　　址：中国北京市海淀区车公庄西路33号　邮编：100048
发 行 部：010-68469781　010-68414683（传真）
总编室兼传真：010-88417359　版权部：010-88417359

开　　本：16 开（710mm×1000mm）
印　　张：8.25
字　　数：130千字
版　　次：2019年8月第1版　2019年8月第1次印刷
印　　刷：北京汇瑞嘉合文化发展有限公司
书　　号：ISBN 978-7-5146-1724-5
定　　价：68.00元

## 文学与栖居

《世界文豪之家》所展现的,是十六到二十世纪这四百年间,对世界文学与历史产生了深远影响的四十三位欧美作家的现存家屋风貌。本书以国别划分和编年体例,通过宏阔的时空框架,囊括了北美、英国、法国、德国、北欧与南欧的诸多著名作家的生平与故居现状。从莎士比亚到玛格丽特·杜拉斯,文豪们的故居散落在欧洲、美洲与亚洲大陆,现今依旧与周遭的人文、自然景观进行着对话。

本书编著者东京大学的阿部公彦教授、阿部贤一教授、楯冈求美教授,以及中央大学的平山令二教授等日本著名欧美文学研究者,历经多年,从世界各地采集了文豪故居的内部构造与外部环境的照片,并以作家生平和文学活动为背景对宅邸予以解说,复原了作家生活中最私密的个人空间。

那么,作家私人生活场所的再现,对于我们读者来说,究竟意味着什么?这一命题不仅是本书的编著者、故居的遗迹维护者、造访游客和文学爱好者共同抛出的疑问,而且也不断地困扰着历史上的大作家以及现代哲学家、现象学家和文学研究者,成为一个关乎文学与生命哲学的存在论题。然而作家故居近乎完好的存留或复原,从博物馆化的居所现场到图像化的纸页,本应在时间中消磨殆尽的作家生活细部的真实物质构成,似乎超现实地甚至充满虚拟感地穿越年代断层,展现在读者面前:赫尔曼·黑塞使用多年的老式打印机,似乎还在吞吐着巨著书稿;被托尔斯泰锯得很矮的书房座椅,承载了想要看清文稿的失明老人晚年的所有懊丧之情;勃朗特姐妹创作伟大小说的袖珍小本,因为节省纸张而只能容下蝇头小字……当然也有海明威炫耀于起居室墙壁的众多兽头,以及雨果自己操刀设计的豪宅装潢中精美绝伦的弗莱芒绣毯……从家宅小件到建筑装饰,这些作家生活的细部与真实环境,不仅引诱着人们借此在想象中对其私生活进行不请自来的"窥探",也呈现了作家与物质生活关系的多种样态。

书中所呈现的近乎完好无损、原样存留的文豪之家,在成为博物馆的同时,其作为建筑本身的命运,从与历史变迁和人际活动的有机交融中脱节,成为凝固作家生平经历的一座档案馆。在公共博物馆和文豪之家的对比之下,人们倾向于认为,相对于公共博物馆的布展叙事,文豪之家忠诚的保存方式显然更胜一筹;它的意义在于开启作家生活某些瞬间的具有可靠物质依据的想象性再现。当人们坐在伍尔夫常年写作的几乎封闭的小岗亭中，或者歌德会客与处理政务的宁静绿色书房里时，在想象作家如何在此构筑文学世界的同时，似乎成为了作家本人——在物质环境和文本语境设身处地的包容中，读者与已逝作者的主体性发生着交融。

  文豪之家，又如何呈现了栖居于文学的生活和文学自身的栖居呢？正如加斯东·巴什拉在《空间的诗学》中所言，"家宅是一种强大的融合力量，把人的思想、回忆和梦融合在一起。在这一融合中，联系的原则是梦想。过去、现在和未来给家宅不同的活力，这些活力常常相互干涉，有时相互对抗，有时相互刺激。在人的一生中，家宅总是排除偶然性，增加连续性。没有家宅，人就成了流离失所的存在。家宅在自然的风暴和人生的风暴中保卫着人。它既是身体又是灵魂。它是人类最早的世界。早在那些仓促下结论的形而上学家所传授的'被抛入世界'之前，人就已经被放置于家宅的摇篮之中。在我们的梦想中，家宅总是一个巨大的摇篮。"[①] 家宅的诗学，在于它成为了梦想冲动的中心。借由梦想的本能脱胎而成的文学，在诞生于家宅这一摇篮的时刻，承袭着幻想活动自身的幸福。正是从这个意义上，马克·吐温将宅邸设计成了"蒸汽船式的豪宅"，寓意着作家的人生及其作品所奋力展现的美国式的昂扬冒险的精神内核；华兹华斯度过诗人纯熟岁月的"湖畔鸽舍"，则寄托了寓居于自然灵秀之中的飞逸诗思……

  文学写作正是在向世人（或者一些情况下，向作家自己）展现栖居的诗意和家宅在隐喻层面的幻想之欢愉。然而，与文学创作的愉悦相对的，也往往是文豪之家的物质性环境所折射出的种种现实困境。这或许是贫困和飘零的命运，如潦倒多病、多次搬迁的埃德加·爱伦·坡，俭朴家舍更似流浪之中的驿站；也可能是超前于自身时代的女性在写作时遇到的巨大社会阻力与性别偏见，如简·奥斯汀在会客厅中遮蔽自己书写小说的那半盏屏障。

  本书亦特别展现了种种女性作家的写作困境。伍尔夫就在《一个自己的房间》中谈到了前现代的西方天才女性，如何在缺乏私人空间的境况下依旧坚持秘密写作的壮举。在男性对知识和文字的权力把控中，女性以匿名或男性假名书写，并在与世隔绝的代价下，如履薄冰

---

[①] 加斯东·巴什拉《空间的诗学》，张逸婧译，上海：上海译文出版社，第27页。

地隐瞒着创作的事实,却又留下一部部稀世绝作。

在《世界文豪之家》中,借由文豪宅邸的视觉呈现、作家生平的简括和读者对于作品的理解,跨越时空的回溯性的文学想象,充满了种种个人化的可能。就像是托尔斯泰的农庄图片所激发出的读者对于其作品的回忆,那是《安娜·卡列尼娜》里,列文在晨光凛冽的旷野中对恋人吉蒂的惊鸿一瞥,这一刹那,也是多少读者阅读生涯中熠熠生光的惊艳一刻。经典化了的文学作品造就了个体化的集体回忆,文学交融在了我们个人生命历史的体验里。文学阅读所构筑的生命感性体验同个人命运不断交织,并在种种机缘下被触发,而《世界文豪之家》的图文叙事,恰恰是激发文学记忆的一种尝试。就像普鲁斯特品尝"小玛德琳蛋糕"所激发出的宏篇回忆,《追忆似水年华》发生背景的家屋原型,也会令读者的阅读体验一触即发。小玛德琳蛋糕的味道一定令众多中国读者深感好奇,而蛋糕本身已然成为化石般的文学象征,它的味道,正是回忆的物质性通感。由文豪故居所触发的文学回想,也将激活我们文学回忆中一切无所不能的想象。

## 第一部分　北美的文豪

**2**
埃德加·爱伦·坡之家
曾守护罹患结核病的妻子的小木屋

**4**
马克·吐温之家
在大豪宅完成的《汤姆·索亚历险记》

**8**
欧·亨利之家
短篇小说高手的人生同样波澜万丈

**10**
劳拉·英格斯·维尔德之家
在农场的两个家里编织出的开拓时代的故事

**14**
露西·莫德·蒙哥马利之家
《绿山墙的安妮》和蒙哥马利

**19**
欧内斯特·海明威之家
酿出大作的、在加勒比的生活

**22**
珀尔·塞登斯特里克·布克（赛珍珠）之家
美国女性中第一位获得诺贝尔文学奖的作家之故乡——中国

**24**
玛格丽特·米切尔之家
因祸得福而产生的《飘》

**26**
约翰·斯坦贝克之家
早在故乡时便梦想成为作家，这个故乡日后成为其名作的舞台

**28**
专栏：文豪钟爱的旅馆

## 第二部分　英国的文豪

**30**
威廉·莎士比亚之家
现在仍让很多人着迷的天才剧作家之原点

**32**
约翰·弥尔顿之家
失明大诗人通过口诵完成大作的小屋

**34**
威廉·华兹华斯之家
为诗作带来灵感的湖区风景

**38**
简·奥斯汀之家
隐匿真面目的同时，持续描绘女性的日常

**43**
查尔斯·狄更斯之家
在作家职业全盛期购入的、载有孩童时代记忆的宅邸

**47**
勃朗特姐妹（夏洛蒂、艾米莉、安恩）之家
三姐妹所遗作品的舞台——豪渥斯

50
刘易斯・卡洛尔之家
与一位少女的邂逅产生的故事

52
托马斯・哈代之家
在亲手设计的家宅里，写作故乡韦塞克斯的故事

54
阿瑟・柯南・道尔之家
从无人问津的诊所医生变身为走红小说家

56
威廉・巴特勒・叶芝之家
晚婚诗人与家人共同生活的十五世纪城堡

60
比阿特丽克斯・波特之家
绘本的世界从湖区的农场扩展开去

64
弗吉尼亚・伍尔夫之家
文化人和艺术家荟萃的家庭

67
詹姆斯・乔伊斯之家
辗转各地的同时，接连写出以故乡为背景的名作

68
阿加莎・克里斯蒂之家
屹立于河畔的宏大别墅，是孩童时代所憧憬的宅邸

72
狄兰・托马斯之家
环顾海湾的崖上书房

74
专栏：文豪长眠的教堂

### 第三部分　法国的文豪

77
维克多・雨果之家
在逃亡之地完成的大作《悲惨世界》

81
马塞尔・普鲁斯特之家
遮蔽光亮和音响，专注于创作活动

83
让・科克托之家
多彩诗人的最终居所

84
玛格丽特・尤瑟纳尔之家
与伴侣共度的异国岛屿上的小家

86
玛格丽特・杜拉斯之家
与巴黎的居所同为其活动据点的第二座寓所

88
专栏：文豪钟爱的咖啡馆

### 第四部分　德国的文豪

90
歌德之家
专注于创作和政务的地方——魏玛

**94**
托马斯·曼之家
以故乡为舞台，描绘市民生活与艺术的相克

**96**
赫尔曼·黑塞之家
在可眺望明媚湖景之处度过其后半生

**98**
专栏：文豪钟爱的城镇

## 第五部分　俄罗斯的文豪

**100**
伊凡·屠格涅夫之家
孕育了《猎人日记》的儿时体验

**103**
陀思妥耶夫斯基之家
在多次居住的圣彼得堡的岁月里

**104**
列夫·托尔斯泰之家
在继承的故乡领地上，即便作为地主和教育者也很活跃

**106**
安东尼·契诃夫之家
虽然遭遇病魔侵害，仍接连不断写出名作

**108**
马克西姆·高尔基之家
期盼提高母国文化水准之际却迎来死亡

**110**
专栏：文豪笔下的城市

## 第六部分　北欧和意大利的文豪

**112**
亨利克·易卜生之家
经历失意阶段之后，作为大作家返回母国

**114**
塞尔玛·拉格洛芙之家
身为作家获得成功并收回家族记忆之地

**116**
凯伦·布里克森之家
于故乡丹麦回首肯尼亚十八年

**120**
加布里埃莱·邓南遮之家
宅邸是一座拥有圆形剧场和军舰的巨大复合建筑体

第一部分
# 北美的文豪

坡小屋，1913年被移建于紧邻的坡公园之一角

曾守护罹患结核病的妻子的小木屋
# 埃德加·爱伦·坡之家
 EDGAR ALLAN POE 1809—1849

虽挣扎于贫困中却仍然留下诸多作品的诗人、小说家。尽管作为编辑奔波于各地，却依然继续从事创作活动。主要作品有被称为推理小说原型的《莫格街凶杀案》和诗作《乌鸦》。虽然其为美国作家，但当时在欧洲仍获得很高评价，影响了波德莱尔等人。

　　同为剧团演员的父母相继失踪和病故，使得坡失去双亲，被里士满的商人爱伦夫妇收养、抚育。考入弗吉尼亚大学后，坡因赌博和酗酒负债累累而退学从军。经历了军队生活之后，坡考入陆军西点军校，却又被该校开除，凡此种种惹恼了养父。

　　其后，坡寄身于巴尔的摩的伯母马丽亚·克蒂姆家，开始了真正意义上的创作活动。1836年，坡与克蒂姆的女儿弗吉尼亚结婚，其时，坡的妻子只有十三岁。当时，坡在一家杂志的有奖征文竞赛中入选，经评委约翰·P. 肯尼迪的介绍获得杂志编辑一职，其后作为编辑在各地杂志社工作，同时持之以恒地连续发表自己的诗歌和小说。然而由于生活窘困，坡沾上了酒瘾。1842年，妻子更是出现了咯血病状。

坡曾使用的办公桌之复制品。其上部的木板似可拆卸

坡曾生活过的巴尔的摩的宅邸也作为博物馆留存下来

坡一家1844年迁居纽约后,每隔数月便重复搬迁,却在福德姆的家里居住了三年

在这种境况下,坡在移居纽约的翌年(1845年)发表的诗歌《乌鸦》得到好评,因此获得良好的声誉,不过一家人的生活依然困苦。他们在纽约曾多次变换住所,最后的居住之所是一座木造小屋,位于当时尚为乡下小村庄的福德姆村(布朗克斯地区)。自1846年起,弗吉尼亚就在这座被绿色草坪环绕的小木屋里生活,却因肺结核病而衰弱不堪,于翌年故去,坡因此而沉溺于酗酒之中。在妻子死去两年之后,期待再婚的坡在巴尔的摩神秘死去。在他死去两天后发表的诗歌《安娜贝尔·李》,被认为寄托着其对弗吉尼亚的思念,也因此被猜测是在守护她的福德姆那座小木屋里写作而成。

| 埃德加·爱伦·坡的历程 | |
|---|---|
| 1809年 | 同为巡回演出艺人的坡父母在波士顿诞下坡 |
| 1810年 | 父亲失踪 |
| 1811年 | 母亲去世,坡与兄妹分开,被里士满的贸易商人爱伦家收为养子 |
| 1815年 | 随着养父的生意兴隆,坡前往英国 |
| 1826年 | 考入弗吉尼亚大学(同年退学) |
| 1827年 | 在波士顿伪报年龄参加陆军。出版处女诗集 |
| 1830年 | 考入陆军西点军校(翌年被开除) |
| 1831年 | 寄住于巴尔的摩的伯母家 |
| 1833年 | 《瓶中手稿》在杂志的有奖征文竞赛中入选 |
| 1835年 | 作为杂志编辑开始工作 |
| 1836年 | 与堂妹弗吉尼亚结婚,先后在里士满、纽约和费城等地生活 |
| 1839年 | 在杂志发表《厄舍府的倒塌》 |
| 1841年 | 在杂志发表《莫格街凶杀案》 |
| 1844年 | 从费城迁居纽约 |
| 1845年 | 出版《乌鸦》以及其他的诗 |
| 1846年 | 迁居福德姆村的小木屋,弗吉尼亚于翌年病故 |
| 1849年 | 与往昔的恋人爱弥拉·罗伊斯特·谢尔顿订婚,在等待结婚仪式的九月,于巴尔的摩被发现处于酩酊大醉之中,不治身亡 |

位于佛名顿大街的豪宅，其外壁的花纹与豪宅外形一样引人注目

## 在大豪宅完成的《汤姆·索亚历险记》
# 马克·吐温之家

 **MARK TWAIN 1835—1910**

历经印刷工和领航员之职后改任新闻记者。以其度过幼儿及少年时期的密西西比河畔的小镇为背景创作的小说《汤姆·索亚历险记》而获得赞誉。其后还发表了《王子与贫儿》和以汤姆的朋友哈克为主角且多用方言的《哈克贝利·费恩历险记》等小说。被称为美国现代文学之父。

室内装饰由蒂梵尼第二代、活跃的艺术家路易斯·康福特·蒂梵尼设计

马克·吐温出生于佛罗里达，在家里七个孩子中排行第六，四岁时搬家至汉尼拔，他在因密西西比河的船舶运输而繁荣起来的这座小镇上的生活经历，反映在《汤姆·索亚历险记》和《哈克贝利·费恩历险记》这两部作品里。他当时居住的宅邸目前附设了博物馆，在其附近，汤姆的初恋对象贝琪·散切尔的原型人物的住宅也留存下来了。

长大成人后，马克·吐温当过领航员并在南北战争期间从军，其后便开始文学活动，撰写的旅行记引发好评，航行时的吆喝声"Mark Twain！"（水深12英尺）之意的笔名也开始为人所知。运用自己成长于残存着奴隶制的南部小镇的记忆，马克·吐温完成汤姆和哈克贝利活跃于其中的小说，是在以东北部康涅狄格州哈特福德的佛名顿宅邸为据点的时期。他和妻子欧莉维亚等家人一同迁入这里，是在他三十八岁之际。他邀请著名建筑家设计的维多利亚哥特风格的居所，据说花费了当时算是天文数字的四万美元。宅邸的外观令人联想到蒸汽船，内部有四十五间房。在其三层放置着台球桌的房间里，吐温笔耕不辍，有时也会逗留于妻子的故乡艾玛拉，接连完成一部部代表作。

他在佛名顿的这座宅邸里一直生活至1891年。其间他对自动打字机的投资失败了，这次失败与其后的破产不无关联。另外，相邻房舍因是《汤姆叔叔的小屋》的作者彼切·斯托夫人的故居，也广为人知。

目前已是博物馆且对外开放的佛名顿大街宅邸里的寝室之一

## 八角形书房是妻子娘家赠送的礼物

纽约州艾玛拉市不仅是曾为富家女儿的、吐温的妻子欧莉维亚的出生之地，也是这对夫妻于1870年举办婚礼的地方。在其郊外，还有妻姐苏珊夫妇从父母处继承并生活于斯的农场，在始于1870年的大约二十年间，吐温一家都会来此度夏。1874年，妻姐夫妇将书房作为礼物送给了他。

这间八角形且具开放感的书房，建于距主建筑很近的小丘。据说，《汤姆·索亚历险记》和《哈克贝利·费恩历险记》等诸多代表作也是在这里完成的。现在，这间书房已被移建于欧莉维亚的母校的后身艾玛拉大学的校园里。

保存于艾玛拉大学校园内且对外开放的吐温的书房

在这座八角形的简朴书房以及佛名顿大街的豪宅里,吐温执笔的历险故事很快就在世界范围内被广泛阅读

在年轻的吐温从事新闻记者时的维吉尼亚城也有博物馆

**马克·吐温的历程**

| | |
|---|---|
| 1835 年 | 出生于佛罗里达,原名为萨缪尔·兰亭·克莱门斯 |
| 1839 年 | 迁居汉尼拔 |
| 1847 年 | 父亲去世,从翌年开始,吐温在印刷厂当学徒工 |
| 1863 年 | 在报纸上第一次使用马克·吐温这个笔名 |
| 1865 年 | 发表《卡拉韦拉斯县著名的跳蛙》 |
| 1869 年 | 《傻子旅行》出版 |
| 1870 年 | 与欧莉维亚结婚 |
| 1871 年 | 从度过新婚生活的纽约州布法罗迁居艾玛拉的农场,再迁居至康涅狄格州哈特福德的佛名顿大街 |
| 1873 年 | 《镀金时代》出版 |
| 1874 年 | 佛名顿大街的豪宅完工 |
| 1876 年 | 《汤姆·索亚历险记》出版 |
| 1881 年 | 《王子与贫儿》出版 |
| 1885 年 | 《哈克贝利·费恩历险记》出版 |
| 1891 年 | 迁居纽约 |
| 1895 年 | 为偿还因投资打字机所欠债务,开始全球巡回演讲 |
| 1900 年 | 回到美国 |
| 1910 年 | 在康涅狄格州雷丁的宅邸"风暴居"(Stormfield)中离世 |

位于德克萨斯州奥斯汀的欧·亨利故居。自1893年起的两年期间，尚未成为作家的欧·亨利及其家人曾在此生活

### 短篇小说高手的人生同样波澜万丈

# 欧·亨利之家

 **O. HENRY 1862—1910**

原名为威廉·雪德尼·波特。因侵吞公款罪服刑期间，将近四十岁的欧·亨利开始了真正意义上的创作活动，此后发表超过三百部短篇小说和小小说，被誉为短篇小说高手。其代表作是以纽约的公寓为背景的《最后一片叶子》和描绘贫困夫妇在圣诞节互赠礼品的《麦琪的礼物》等。

欧·亨利使用笔名开始真正意义上的创作活动，是在他因侵吞公款罪而服刑期间。获释之后，亨利在女儿和岳父母共同生活的匹兹堡度过了一段时期，其后直到四十七岁去世前的这八年间，他一直生活在纽约。亨利在纽约完成了大部分作品，这座城市也是其约半数作品的背景之地。譬如他所居住的联合广场公寓附近的格林尼治村，就有成为《最后一片叶子》场景原型的公寓。另外，他经常光顾的亦出现在作品里的酒吧希利斯（HEELYS），现为皮特酒馆，即PETES TAVERN，据说也是《麦琪的礼物》的执笔场所。

另一方面，亨利的作品中还有以美国南部和西部以及中美洲为背景的内容，使用笔名以前，他曾在这些地方生活过。亨利出生于南部的北

迁居到纽约的亨利，在纽约欧文广场大街的这座公寓里生活了四年

格林尼治村的"纽约格林威治果树庭院"被认为是《最后一片叶子》的场景原型

亨利经常光顾的酒吧，现在仍留存于纽约欧文广场大街

| 欧·亨利的历程 | |
|---|---|
| 1862年 | 出生于北卡罗莱纳州格林斯伯勒，是医生的次子 |
| 1877年 | 作为药剂师学徒开始工作，其后取得药剂师资格 |
| 1887年 | 与第一位妻子阿索尔结婚。长女玛格丽特诞生。开始在杂志上发表作品并获取稿酬 |
| 1894年 | 创办《滚石》周刊 |
| 1896年 | 因侵吞公款罪被起诉，保释后，在判决当天经由新奥尔良逃往中美洲 |
| 1897年 | 妻子病笃，由中美洲回国后，妻子于七月去世 |
| 1898年 | 因有罪判决而服刑。服刑期间，使用欧·亨利之名投稿 |
| 1901年 | 作为模范囚犯得以获释 |
| 1902年 | 离开匹兹堡，孤身迁居纽约 |
| 1904年 | 第一部短篇小说集《白菜与皇帝》出版 |
| 1905年 | 发表《最后一片叶子》 |
| 1906年 | 包括《麦琪的礼物》在内的短篇小说集《四百万》出版 |
| 1907年 | 与青梅竹马的莎拉·林德赛·科尔曼再婚，邀请女儿一同迁往新居。因过度饮酒身体恶化，三人生活于翌年终结 |
| 1910年 | 因患肝硬化和心脏病而去世 |

卡罗来纳州，受到开办私立学校的姑妈的影响而喜爱文学。十五岁时作为药剂师学徒开始工作，为疗养而迁居西部的德克萨斯州的牧场，后在奥斯汀当过药剂师、不动产公司出纳员、土地管理局绘图员助理和银行职员。亨利在此期间结婚并生活过的家宅目前已成为博物馆。他开始在杂志上零星发表作品时，曾亲手创办了饱含幽默的周刊《滚石》，周刊在一年后停刊。

其后，亨利离开妻子，孤身一人前往休斯顿当了记者，却因在银行工作期间的侵吞公款罪受到起诉，便逃往中美洲的洪都拉斯，但他终究还是回国服刑，从而诞生了作家欧·亨利。

迁居曼斯菲尔德后，劳拉和丈夫花费多年扩建而成的农场之家

在农场的两个家里编织出的开拓时代的故事
# 劳拉·英格斯·维尔德之家
 LAURA INGALLS WILDER 1867—1957

美国小说家。出生于威斯康辛州，成长期间辗转于中西部各地。其后以其亲身经历和从家人处听来的传闻为素材写出并发表《小木屋》系列，这套自传体小说由九部作品构成，第一部作品《大森林里的小木屋》出版时，劳拉已六十五岁。

厨房根据劳拉的低矮身材而设计

劳拉·英格斯·维尔德以幼儿时期的经历为素材开始创作小说时，已经超过六十岁了。1894 年，芙拉迁居曼斯菲尔德，与丈夫长年拓荒创办农场，大约从 1911 年起，曾在当地的农业报纸上撰写专栏文章。二十世纪二十年代，母亲和姐姐相继故去，在也是作家的女儿罗斯的帮助下，劳拉开始梳理幼儿时期的往事。于是，在她年届六十五岁的 1932 年，出版了《大森林里的小木屋》。

在后来成为其创作之所的洛基岭农场，劳拉有两处居所。一处原本只是小木屋，经扩建后拥有多达十个房间的农场之家；另一处则是用石料建成的房屋，是女儿罗斯于 1928 年赠送给父母的。劳拉夫妇曾有一段时期生活在石屋之家，后于 1936 年再度回到熟悉的农场之家。

劳拉在这个农场接连写出了九卷本自传体小说系列，除去描绘丈夫少年时代的《农场男孩》外，其余都是以英格斯一家迁居中西部的那块土地为背景。故事始于出生之地的故乡威斯康辛州丕平村（《大森林里的小木屋》），经由迁居堪萨斯州的独立镇（《大草原上的小木屋》）和明尼苏达州的核桃林（《在梅溪边》）之变迁，从《在银湖岸》开始的后五卷，便以南达科他州的德斯梅特为背景。

11

在农场之家的这张书桌上,劳拉接连写出了描述逝去岁月的作品

## 身为作家成功之后,却又成为"作家劳拉的女儿"的罗斯

劳拉和丈夫阿曼乐在德斯梅特生活期间,一共产下了两个孩子,可是顺利长大成人的,却只有第一个孩子罗斯。

罗斯参加工作后先是任电信技术员,1909年结婚之后开始以新闻工作者和作家的身份展开活动,离婚后的1922年,罗斯获得欧·亨利奖。

1928年,罗斯回到洛基岭农场的父母身边,向双亲赠送了石屋之家,还促成了家人中第二位作家的诞生。

劳拉原本以《拓荒少女》为题开始写作幼儿时期的故事,不过,编辑这部书稿并奔走寻找出版社的人却是罗斯。这又与《大森林里的小木屋》的出版相关联,两人间的这种交往在罗斯离开洛基岭农场之后仍然持续不断。

劳拉一家的旅行终点——德斯梅特，草原从这里扩展开去

劳拉一家在德斯梅特度过第一个冬天的"测量员之家"

### 劳拉·英格斯·维尔德的历程

|  |  |
|---|---|
| 1867年 | 出生于威斯康辛州 |
| 1869年 | 迁居堪萨斯独立镇 |
| 1874年 | 迁居明尼苏达州多桃林 |
| 1876年 | 迁居衣阿华州柏欧克 |
| 1977年 | 回到明尼苏达州核桃林 |
| 1879年 | 姐姐玛丽因罹患脑炎而失明，劳拉迁居南达科他地区，成为德斯梅特的居民 |
| 1883年 | 担任教师工作 |
| 1885年 | 与阿曼乐·维尔德结婚 |
| 1890年 | 前往阿曼乐父母在明尼苏达州斯普林瓦利经营的牧场 |
| 1891年 | 前往佛罗里达州韦斯特维尔 |
| 1892年 | 回到德斯梅特 |
| 1894年 | 迁居密苏里州曼斯菲尔德 |
| 1911年 | 在当地报纸第一次登载文章 |
| 1932年 | 《大森林里的小木屋》出版 |
| 1933年 | 《农场男孩》出版 |
| 1935年 | 《大草原上的小木屋》出版 |
| 1937年 | 《在梅溪边》出版 |
| 1939年 | 《在银湖岸》出版 |
| 1940年 | 《好长的冬天》出版 |
| 1941年 | 《草原小镇》出版 |
| 1943年 | 《快乐的金色年华》出版 |
| 1957年 | 在洛基岭农场去世 |

《绿山墙的安妮》和蒙哥马利

# 露西·莫德·蒙哥马利之家

🇨🇦 **LUCY MAUD MONTGOMERY 1874—1942**

蒙哥马利出版了长篇小说《绿山墙的安妮》,该小说以其故乡爱德华王子岛上虚构的小村为背景,以孤儿安妮为主人公。其后更是相继发表了被称为安妮丛书的一系列作品,描绘了安妮的成长过程。蒙哥马利于1911年与牧师结婚后离开故乡的小岛,在本土的教堂里笔耕不辍,并于多伦多度过了自己的晚年。

蒙哥马利生活至一岁零九个月的生身之家位于新伦敦，现为博物馆，对外开放

蒙哥马利出生于爱德华王子岛的克利夫顿（现为新伦敦），不久母亲亡故，父亲则迁居加拿大本土，于是，蒙哥马利改由在卡文迪许村经营牧场的外祖父和外祖母抚育。蒙哥马利从孩童时代起便开始写日记、作诗。在岛上的夏洛特敦威尔士亲王大学毕业之后，蒙哥马利前往本土的哈利法克斯市的戴尔豪斯大学，以旁听生身份在那里学习英国文学。此后，她还在岛内的三所学校执掌教鞭。在她二十四岁的时候，外祖父去世。为了照顾年迈的外祖母，她再度回到卡文迪许村。

蒙哥马利在做好自家附设的邮务所工作的同时，勤于短篇小说等作品的创作，有一段时期甚至将照顾外祖母的事务委托给表姐妹，自己则去哈利法克斯的一家报社工作。回到岛上之后，蒙哥马利开始了真正意义上的创作活动。1908年，她出版了第一部长篇小说《绿山墙的安妮》，小说以爱德华王子岛的自然风光和那里的人们为原型。主人公安妮生活的虚构的小村和埃文利之家的原型"绿山墙农舍"就在卡文迪许，蒙哥马利的亲戚曾住在那里。

成为走红作家的蒙哥马利在看护了外祖母

之后，于1911年与早已订有婚约的牧师结婚，两人在"银色森林宅邸"（目前还存留于公园一角）举行了婚礼，其后迁居本土。先后在两座教堂居住过后，蒙哥马利在多伦多买下"旅途终点之家"，最终在那里离开人世，并与丈夫同眠在故乡的岛上。

具有维多利亚风格的生身之家的起居室。蒙哥马利的婚礼服复制品也在这里展示

绿山墙农舍以二楼的安妮房间为核心,再现于作品中

位于公园一角的"银色森林宅邸",蒙哥马利自小便常来这里,此处也是其举行婚礼的场所,目前已成为博物馆

## 粉丝们的圣地——卡文迪许村

《绿山墙的安妮》出版后,作为作者的故乡及故事的背景,爱德华王子岛成了大受粉丝们欢迎的观光地,其中心便是卡文迪许村。不过,蒙哥马利被外祖父母收养、生活时间最为长久的家,现在却只残留了基础部分。

另一方面,在其附近,故事中将安妮生活的那个家宅"绿山墙农舍"仍然留存,以二楼安妮的房间为舞台,蒙哥马利描绘的世界得以再现。在这座房舍附近,有蒙哥马利长眠的墓地,故事里的场所"恋人小径"以及"奇异的树林"等散布于四周。

### 露西·莫德·蒙哥马利的历程

| | |
|---|---|
| 1874 年 | 出生于爱德华王子岛上的克利夫顿 |
| 1876 年 | 母亲克拉拉因结核病辞世,蒙哥马利由住在卡文迪许村的外祖父母收养,在大家族中成长 |
| 1890 年 | 前往业已再婚、居于萨斯喀彻温州的父亲处小住至翌年。自己的稿件第一次登载于报纸 |
| 1893 年 | 进入夏洛特敦威尔士亲王大学师范专业学习 |
| 1894 年 | 在爱德华王子岛比德福德担任教师 |
| 1895 年 | 在哈利法克斯市的戴尔豪斯大学作为旁听生学习英国文学 |
| 1896 年 | 在爱德华王子岛贝尔蒙特担任教师。其间与神学院学生埃德温·辛普森缔结婚约,翌年撤销 |
| 1897 年 | 在爱德华王子岛洛瓦·皮戴格担任教师 |
| 1898 年 | 外祖父去世。回到卡文迪许 |
| 1901 年 | 在哈利法克斯市的报社任记者 |
| 1905 年 | 与牧师埃文·麦克唐纳缔结婚约 |
| 1908 年 | 《绿山墙的安妮》出版 |
| 1911 年 | 外祖母去世。于七月举行婚礼,前往安大略州利斯克代尔的教堂 |
| 1912 年 | 长子诞生。《安妮的友情》出版 |
| 1914 年 | 次子出生后夭折 |
| 1915 年 | 三子诞生。《女大学生安妮》出版 |
| 1923 年 | 《新月的艾米莉》出版 |
| 1926 年 | 迁居安大略荷顿山地区 |
| 1936 年 | 迁居多伦多的旅途终点山庄 |
| 1939 年 | 《壁炉山庄的安妮》出版,最后一次返回故乡 |
| 1942 年 | 在多伦多去世 |

因海明威的爱猫的子孙们所居住而广为人知的基韦斯特宅邸

酿出大作的、在加勒比的生活
# 欧内斯特·海明威之家
 ERNEST HEMINGWAY 1899—1961

1926年发表的《太阳照样升起》获得很高评价，成为其代表作。其后发表了反映本人战争体验的《永别了，武器》、以老渔夫为主人公的《老人与海》、以西班牙内战为题材的《丧钟为谁而鸣》等诸多名作，却苦于飞机事故遗留的后遗症，于1961年自杀身亡。

海明威出生于伊利诺伊州的奥克帕克，七岁时迁居邻近的新居。为这座宅邸支付建筑资金并亲手设计之人，是他的声乐家母亲。另一方面，父亲喜爱狩猎和钓鱼，其兴趣后来被海明威所继承。

海明威离开故乡以后，在很多地方营建了居所，具有代表性的地方是佛罗里达州的基韦斯特和古巴。海明威结束巴黎的生活之后，偕同第二任妻子宝琳迁移到基韦斯特是在他二十八岁的时候，夫妇二人用妻子的叔父提供的资金买下了白色外壁的宅邸。古色古香的家具和日常用具都是在《时尚》杂志任记者的宝琳选的。

海明威一生结过四次婚，因邂逅后来成为其第三任妻子的玛莎，他与宝琳的婚姻在1939年归于终结。宝琳携带孩子们离家而去，到了新年时，海明威去了古巴的哈瓦那。他以这个城市的旅馆为据点，完成了《丧钟为谁而鸣》，并用其稿酬买下了哈瓦那郊外高坡之上的宅邸"瞭望山庄"。

海明威在那块宅地上新建了一幢白色楼房，其四层是他的书房，不过他有时也会在寝室里的高桌上写作。另外，热衷于钓剑鱼的海明威，于1952年出版了描述科尔西马渔村老渔夫的《老人与海》。科尔西马渔村有他停泊爱艇"比拉尔号"的码头，其厨师兼船长也是主人公的原型之一。

宅邸内留存着当时的日常用具。一家人随着生活中出现的问题离散而去

在古巴度过二十年之久的生活据点——瞭望山庄

## 在他主办的钓鱼竞赛活动上，卡斯特罗也来参加

　　海明威热衷于狩猎，会将其远赴非洲的猎物剥制后，按照他的风格装饰在瞭望山庄的各处。他还有一个兴趣，那就是钓鱼。原本他自小喜欢在河川里钓鱼，可在他迁居古巴之后，便开始迷恋于钓马林鱼。

　　1933 年，海明威在纽约建造了自己的渔船，这条船就是他在古巴时期作为其伙伴而活跃的"比拉尔号"，目前展示于瞭望山庄的宅院内。海明威亦曾在古巴举办"钓一条马林鱼"的竞赛，菲德尔·卡斯特罗还获得了冠军。在海明威去世之后，这项赛事仍以"海明威优胜杯"的形式长年举办。

海明威与亲手钓上来的巨大的白色马林鱼合影留念

海明威把在非洲狩猎时捕获的动物剥制后陈列于起居室

海明威经常光顾的哈瓦那的酒吧。掺入大量朗姆酒的代基里鸡尾酒让他心满意足

### 欧内斯特·海明威的历程

| | |
|---|---|
| 1899 年 | 出生于芝加哥近郊的奥克帕克 |
| 1917 年 | 高中毕业后，进入堪萨斯的报社工作 |
| 1920 年 | 移居多伦多，与《多伦多星报》签署撰稿合同 |
| 1921 年 | 与哈德莉·理察逊结婚，同往巴黎 |
| 1923 年 | 《三个故事加十首诗》出版。从《多伦多星报》辞职 |
| 1926 年 | 《太阳照样升起》出版 |
| 1927 年 | 1月与哈德莉离婚，5月与宝琳·费孚结婚 |
| 1930 年 | 购入位于基韦斯特的宅邸 |
| 1933 年 | 建造"比拉尔号" |
| 1937 年 | 《有的和没有的》出版 |
| 1940 年 | 《丧钟为谁而鸣》出版。与宝琳离婚、与玛莎·盖尔霍恩结婚。买下瞭望山庄 |
| 1945 年 | 与玛莎离婚 |
| 1946 年 | 与玛丽·维尔许结婚 |
| 1952 年 | 《老人与海》出版 |
| 1953 年 | 获得普利策奖 |
| 1954 年 | 获得诺贝尔文学奖。因连续遭遇飞行事故，为其后遗症所苦恼 |
| 1955 年 | 古巴爆发革命 |
| 1961 年 | 在爱达荷州克川市自己家中用猎枪自杀 |

中国镇江市至今仍存留着布克西洋风格的居所,她曾在这里度过幼年时光

美国女性中第一位获得诺贝尔文学奖的作家之故乡——中国
# 珀尔·塞登斯特里克·布克(赛珍珠)之家
## PEARL SYDENSTRICKER BUCK 1892—1973

跟随从事传教士活动的双亲来到中国并在这里成长,因描写以贫困农民为主人公的中国社会的《大地》而获普利策奖,更于1938年获得诺贝尔文学奖。布克还曾写作非虚构作品和儿童文学作品,以其与智障女儿凯若的共同生活而作的手记《母亲呀,莫要叹息》同样广为人知。

珀尔·塞登斯特里克·布克是在中国担任长老会传教士的父母短期回到美国期间,于西弗吉尼亚州诞下的。在布克出生四个月后,一家人再度启程前往中国,她的前半生几乎都在中国度过。其中十八年生活在江苏省镇江市,一家人住在亦被称为东印度样式的砖造建筑里。

现在,这座建筑物的正面置有"赛珍珠故居"的石碑。赛珍珠是她的中国名字。自幼儿时期开始,从母亲和中国家庭教师那里接受教育的布克也在当地学校上学,能够使用英语和汉语进行交流。布克1914年毕业于美国的女子大学,回到中国后于1917年与农业经济学者约翰·洛辛·布克结婚。他们在安徽省的农村度过了新婚生活,这段时期的经历在《大地》之中有所反映。

西洋风格的宅邸内飘逸着中国氛围

位于宾夕法尼亚州普凯西的宅邸中的书房。回国后,布克曾在此度过很长时间

自1920年起,夫妇二人同于南京大学就职,并在校园内有自己的居所。他们在南京的生活一直持续到1933年,其间的1927年曾爆发南京事件,他们当时因避难而在日本长崎的云仙逗留。布克的创作活动始于二十世纪二十年代,其第二部作品是1931年出版并大为畅销的《大地》,于翌年获得普利策奖,再于1938年获得诺贝尔文学奖。

她在中国的生活结束于1934年。除了因为中国的形势以外,还因为患有智障、托付给美国一家疗养院的女儿凯若。回到美国之后,她在宾夕法尼亚州买下家宅,还与出版社总经理、再婚对象理查·沃尔什一同积极从事人道主义活动。

### 珀尔·塞登斯特里克·布克的历程

| | |
|---|---|
| 1892年 | 出生于西弗吉尼亚州的希尔斯保罗。出生后不久,即随在长老教会任传教士的父母一同前往中国江苏省镇江市 |
| 1911年 | 进入美国的伦道夫·梅康女子学院学习。毕业后,为护理病中的母亲而前往中国 |
| 1917年 | 与约翰·洛辛·布克结婚 |
| 1920年 | 长女凯若诞生 |
| 1926年 | 于康奈尔大学获得硕士学位 |
| 1927年 | 南京事件爆发。前往日本长崎的云仙短暂避难 |
| 1929年 | 将凯若托付于新泽西州的职业培训学校 |
| 1930年 | 发表《东风·西风》 |
| 1931年 | 《大地》出版 |
| 1932年 | 获得普利策奖。《儿子们》出版 |
| 1934年 | 回到美国 |
| 1935年 | 《分家》出版。与布克离婚,再与沃尔什结婚 |
| 1938年 | 获得诺贝尔文学奖 |
| 1941年 | 《中国天空》出版 |
| 1943年 | 《水牛儿童》出版 |
| 1949年 | 设立收养孩子的机构"欢迎之家"(Welcome House) |
| 1960年 | 沃尔什去世 |
| 1964年 | 设立帮助孤儿的"赛珍珠基金会"(Pearl S. Buck Foundation) |
| 1973年 | 于佛蒙特州的丹比去世 |

位于亚特兰大街市上的玛格丽特·米切尔的家宅。1990 年曾两度遭遇火灾,修复后已公开展出

### 因祸得福而产生的《飘》
# 玛格丽特·米切尔之家
 **MARGARET MITCHELL 1900—1949**

小说家。1922 年至 1926 年担任《亚特兰大日报》记者,1926 年因伤疗养期间开始写作《飘》。其后曾中断创作,1935 年让编辑看了稿件,翌年该书出版。《飘》出版后成为畅销书,并于 1937 年获得普利策奖。

《飘》是以南北战争前后的南部亚特兰大州为背景的长篇小说,仅仅因着这一部作品,玛格丽特·米切尔便将自己的名字镌刻在了文学史上。

南北战争结束三十五年后的 1900 年,玛格丽特作为律师的女儿出生于佐治亚州首府亚特兰大,在聆听退役军人对以往战争的回忆中长大。

1920 年,玛格丽特结婚,但婚姻很快破裂,其后于 1925 年与约翰·马修再婚,入住位于亚特兰大住宅区的公寓。这座公寓原本是完工于 1899 年的都铎复兴式风格的三层小楼,后于 1919 年改建为十户人家的公寓楼。夫妇二人生活在底层一号室,玛格丽特还曾将这间公寓戏称为"垃圾站"。

在迁居于此的第二年,玛格丽特着手写作《飘》。当时,她作为《亚

玛格丽特夫妇曾居住的一层房间,再现了公寓当时的模样

素朴的木桌上,展示着打字机的复制品

特兰大日报》的记者为该报周日版撰写专栏,却因足部受伤而被强制送去疗养院养伤。在此期间,也是因着丈夫的建议,她开始创作长篇小说。从开始执笔历经十年光阴,《飘》终于出版,创造了销售第一年即卖出一百五十万册的纪录。夫妇俩在这座目前因身兼博物馆和玛格丽特之家而广为人知的公寓里住至1932年,其后搬迁至近邻的公寓。1937年,玛格丽特获得普利策奖,三年后《飘》被改编为电影。此后,玛格丽特再未发表其他作品,并因交通事故于1949年离开了这个世界。

### 玛格丽特·米切尔的历程

|  |  |
|---|---|
| 1900 年 | 出生于佐治亚州亚特兰大市 |
| 1912 年 | 迁入桃树街新建的宅邸 |
| 1914 年 | 考入亚特兰大市的华盛顿女校 |
| 1918 年 | 考入马萨诸塞州的史密斯学院 |
| 1919 年 | 母亲去世。回到亚特兰大 |
| 1922 年 | 与雷德·厄普肖结婚,但婚姻很快破裂。进入《亚特兰大日报》社工作 |
| 1924 年 | 离婚成立 |
| 1925 年 | 与约翰·罗伯特·马修结婚,移居新月公寓 |
| 1926 年 | 因坠马而负伤,辞去报社工作。开始写作《飘》 |
| 1935 年 | 将《飘》的稿件交给前来挖掘新人作家的麦克米兰出版社编辑 |
| 1936 年 | 《飘》出版,成为畅销书 |
| 1937 年 | 获得普利策奖 |
| 1939 年 | 由费雯·丽主演的电影《乱世佳人》公映 |
| 1949 年 | 在亚特兰大市内遇交通事故,五日后去世 |

现已成为餐馆的斯坦贝克的生身之家,是维多利亚风格之一的安妮女王风格的建筑物,曾流行于十九世纪后半期的美国

早在故乡时便梦想成为作家,这个故乡日后成为其名作的舞台
# 约翰·斯坦贝克之家

 **JOHN STEINBECK 1902—1968**

小说家、剧作家。从斯坦福大学退学后,在从事各种工作的同时进行创作活动。在《愤怒的葡萄》中描绘了被剥夺土地、从俄克拉荷马州向加利福尼亚州逃荒的农民。因该小说获普利策奖。其他代表作有《人鼠之间》和《伊甸之东》等。1962年获得诺贝尔文学奖。

斯坦贝克于1952年发表的《伊甸之东》,与他在1939年发表的《愤怒的葡萄》同为其代表作并广为人知。作者以斯坦贝克家族史为作品基础,成为作品背景的加利福尼亚州萨利纳斯也是作者的故乡。

其父是德国移民第二代,至今仍存留于这条街区的维多利亚风格的生身之家就是他的父亲于1900年买下的房产,斯坦贝克在两年之后诞生于此。目前,这处宅邸已被修复为餐馆,在其三个街区前,还耸立着国立博物馆斯坦贝克中心。

早在十四岁前后,斯坦贝克便立志从事文学创作活动,高中时期他曾是打篮球的活跃分子,同时也不断地向校报投稿。后来,他从斯坦福大学退学去了纽约,在工作的同时希望当上作家,却始终未能如愿。不过,

在萨格港的家里,以猎枪为背景伫立着的斯坦贝克

与爱犬查理在一起

### 约翰·斯坦贝克的历程

| | |
|---|---|
| 1902 年 | 出生于加利福尼亚州蒙特里县的萨利纳斯,是四个孩子中的第三个(长子) |
| 1920 年 | 考入斯坦福大学,学习英国文学和海洋生物 |
| 1925 年 | 从大学退学,前往纽约,先后从事过搬砖和刷漆等工作 |
| 1926 年 | 返回故乡加利福尼亚 |
| 1929 年 | 长篇小说《金杯》出版 |
| 1930 年 | 与卡罗尔·亨宁结婚 |
| 1935 年 | 《煎饼坪》出版并获好评,迈向真正意义上的作家生活 |
| 1937 年 | 《人鼠之间》成为畅销书 |
| 1939 年 | 《愤怒的葡萄》出版,引发赞成或反对两种意见 |
| 1940 年 | 获得普利策奖 |
| 1942 年 | 与卡罗尔离婚 |
| 1943 年 | 与格温德林·康格结婚 |
| 1944 年 | 长子出生。翌年次子出生 |
| 1948 年 | 与格温德林·康格离婚 |
| 1955 年 | 买下萨格港的宅邸 |
| 1960 年 | 与爱犬查理外出旅行 |
| 1961 年 | 《烦恼的冬天》出版 |
| 1962 年 | 获得诺贝尔文学奖。《与查理同行》出版 |
| 1968 年 | 在纽约去世 |

他回到故乡后仍继续写作,于 1929 年以《金杯》初露头角。在二十世纪三十至四十年代,斯坦贝克陆续获得欧·亨利奖和普利策奖,构筑了其不可动摇的作家地位。

进入二十世纪四十年代之后,斯坦贝克离开曾度过漫长岁月的加利福尼亚州,在大学退学后曾生活过的纽约开始了新的生活。1955 年,他买下位于郊外萨格港的别墅作为宅邸。斯坦贝克喜欢可以眺望海湾的这处场所,又新建了一座便于远眺的六角形小屋作为写作之所,晚年大多数的作品就是在这里完成的。在记录其与爱犬旅行的《与查理同行》中,萨格港便是其出发地。

专栏：文豪钟爱的旅馆
# 切尔西旅馆
### 文豪和艺术家曾下榻的传说中的旅馆

2011年，纽约的切尔西旅馆在人们的惋惜中被关闭。该旅馆开业于1884年，当时是该街区屈指可数的高层建筑。最初，这里是由每户七个以上房间构成的公寓，维多利亚风格的日常用具点缀着房间。1905年，公寓改为豪华旅馆，还备有供长期入住者使用的房间。马克·吐温和欧·亨利在这段时期是这里的常客。虽说两人的名字都是笔名，不过据说欧·亨利在住宿时仍然使用各种各样的别名。

其后经过两次世界大战，每套客房都被细分过后再提供给客人，于是声名显赫的作家、艺术家和演奏家们都来这座旅馆度过各自的时光，这里也就成了纽约文化的重要据点。威廉·保罗斯、杰克·凯鲁亚克、安迪·沃霍尔、鲍勃·迪伦、吉米·亨德里克斯、詹尼斯·乔普林、席德·维瑟斯，等等，入住的名人不胜枚举。

剧作家亚瑟·米勒把自己与玛丽莲·梦露分手后移居这座旅馆的生活写入了短篇小说之中，亚瑟·C.克拉克则在此处完成了《2001太空漫游》的写作。当然，这里也有悲剧，英国诗人迪兰·托马斯入住这座旅馆后因过量饮酒而死亡。

为数众多的文豪曾入住的这座传说中的旅馆，关闭后正在进行修复，人们期待着其再度营业。

第二部分
# 英国的文豪

保留着都铎王朝时代氛围的生身之家。左侧是莎士比亚的父亲经营的店铺，一家人的居所位于其右侧

现在仍让很多人着迷的天才剧作家之原点
## 威廉·莎士比亚之家
🇬🇧 **WILLIAM SHAKESPEARE 1564—1616**

为后世的世界各国作家带来很大影响的、代表英国文学的人物。十六世纪九十年代前半期在伦敦作为剧团专属作家开始写作，创作出诸多悲剧、喜剧和浪漫剧，还留下了诗歌作品。其代表作有四大悲剧《哈姆雷特》、《麦克白》、《奥赛罗》、《李尔王》以及《罗密欧与朱丽叶》等。

至2016年，逝世已四百周年仍具有世界影响力的剧作家威廉·莎士比亚，其生身之家，位于英格兰中部沃里克郡斯特拉特福德镇艾汶河畔的亨利街。被免职的父亲买下的这处家宅，是把两间房屋合为一体的建筑物，将其区分为住处和工作间。莎士比亚在艾汶河畔这条宽阔的大街上长大成人，十八岁时与住在附近、年长其八岁的安妮·海瑟薇结婚，二十岁便成为包括一对双胞胎在内的三个孩子的父亲。莎士比亚开始走上剧作家之路，是在离开妻子、走出这条街、在伦敦跻身于戏剧界之后。最初，莎士比亚当过演员，后不久作为剧作家崭露头角，在始于1592年前后的大约二十年间，为这个世界写出了包括三十七部剧本在内的诸多名作。

莎士比亚出生的房间，附有华盖的床铺与其他小物件共同再现了当年的情形

曾是当地第二大建筑的新宫旧址现为庭园。远处的建筑物为莎士比亚外女婿那什的屋子

收获了巨大成功的莎士比亚，于 1597 年在出生于斯的故乡买下被称为"新宫"的宅邸。他于 1613 年左右退休并从伦敦回到故乡，直至 1616 年去世，都住在曾由大富豪建造的这座豪宅里。这处宅邸在十八世纪就已经是莎士比亚爱好者们的巡礼之地，当时的拥有者却不喜欢这种现象，便拆除了这座宅邸，其故址现已成为庭园。

将莎士比亚葬于祭坛前的教堂以及妻子安妮的生身之家，都还存留于斯特拉特福德镇艾汶河畔的街区。这里还有冠以莎士比亚之名的剧场，循着莎士比亚足迹来到这个约三万人口街区的观光客，每年超过五十万人。

### 威廉·莎士比亚的历程

| | |
|---|---|
| 1564 年 | 出生于沃里克郡斯特拉特福德镇艾汶河畔 |
| 1582 年 | 与安妮·海瑟薇结婚 |
| 1583 年 | 长女苏珊娜诞生 |
| 1592 年前后 | 在伦敦作为剧作家崭露头角。继《亨利六世》三部曲之后，发表了《理查德三世》等剧本 |
| 1594 年 | 组成宫内大臣剧团（后来的国王剧团），成为剧团专属作家 |
| 1595 年 | 发表《罗密欧与朱丽叶》和《仲夏夜之梦》 |
| 1596 年 | 发表《威尼斯商人》。长子哈姆奈特夭折 |
| 1597 年 | 买下新宫 |
| 1598 年 | 发表《大惊小怪》 |
| 1599 年 | 宫内大臣剧团新主场环球剧场于泰晤士河南岸开始营业。发表《皆大欢喜》 |
| 1601 年 | 发表《哈姆雷特》 |
| 1603 年 | 詹姆斯六世即位。宫内大臣剧团改称为国王剧团 |
| 1604 年 | 发表《奥赛罗》 |
| 1605 年 | 发表《李尔王》 |
| 1606 年 | 发表《麦克白》 |
| 1610 年 | 发表《冬日故事》 |
| 1613 年前后 | 退休，回到故乡 |
| 1616 年 | 去世 |

小屋对公众开放,十七世纪的首版书以及据说是弥尔顿在晚年曾使用过的椅子等物件正在展示

## 失明大诗人通过口诵完成大作的小屋
# 约翰·弥尔顿之家

 **JOHN MILTON 1608—1674**

代表十七世纪英国的诗人、思想家和革命家。出身于伦敦的富裕家庭,早在剑桥大学就学期间便立志成为诗人。十七世纪三十年代发表假面剧《科马斯》和《列西达斯》。尽管 1652 年因过度劳累而失明,仍于王政复辟后的 1667 年出版叙事诗《失乐园》,1671 年发表其姐妹篇《复乐园》。

弥尔顿出身于伦敦富裕的公证人家庭,因其是个勤奋少年,从而考入将来理应成为英国国教会神职人员的剑桥大学。在求学期间居住的基督堂学院庭院内的桑树,因他的缘故被称为弥尔顿之树。他在该校获得硕士学位,却又倾心于清教徒主义。其后开始走上诗人道路,毕业后大约六年期间,在父亲的别墅里一面研究古典,一面写作诗歌。

在清教徒革命时期,弥尔顿离开诗歌,出任克伦威尔政府的拉丁文秘书,发表散文拥护因处死查理一世而遭受非难的清教徒一方。由于过度劳累,弥尔顿于 1652 年失明。而且,共和制也未能长久持续。

王政复辟之后,他再度返回诗歌世界。将失明后的弥尔顿口诵的诗歌记载下来的,据说是其女儿狄波拉·弥尔顿等人的职责。1665 年,

小屋的保存还曾得到维多利亚女王的帮助。女王伊丽莎白二世也来此访问过

弥尔顿离开此前一直生活的伦敦，前往恰封特·圣伊莱斯村。这次迁居是要逃离伦敦肆虐的鼠疫，故而生活于现在被称为弥尔顿小屋的十六世纪建造的家宅里，并在这里完成了其代表作《失乐园》。这部讲述了坠入地狱的撒旦为了复仇而引诱亚当和夏娃的叙事诗，于 1667 年出版。

弥尔顿在这个家宅里度过的时间并不长，然而这里却是现存的唯一一处弥尔顿居所，目前已成为纪念馆。将这处房产介绍给弥尔顿的，是他曾经的助手埃尔瓦特。作为《失乐园》的第一个读者，埃尔瓦特在阅读之际便开始寻找业已恢复的乐园，这也为弥尔顿创作《复乐园》带来了契机。

描绘弥尔顿从 1651 年直至王政复辟期间居住的、位于伦敦市威斯敏斯特之宅邸的绘画（1851 年的作品）

### 约翰·弥尔顿的历程

| | |
|---|---|
| 1608 年 | 出生于伦敦 |
| 1625 年 | 考入剑桥大学基督学院 |
| 1629 年 | 写作《基督诞生之晨》 |
| 1631 年 | 写作《快乐的人》和《沉思的人》 |
| 1632 年 | 获得文学硕士学位，迁往父亲位于霍顿的别墅 |
| 1634 年 | 写作并上演假面剧《科马斯》 |
| 1637 年 | 《科马斯》出版，写作《列西达斯》 |
| 1638 年 | 周游西欧 |
| 1641 年 | 《英格兰宗教改革论》出版 |
| 1642 年 | 与第一任妻子玛莉·普威尔结婚 |
| 1649 年 | 在因清教徒革命而诞生的共和国政府里出任拉丁文秘书。赞成对查理一世处以死刑 |
| 1652 年 | 双目失明 |
| 1660 年 | 《自由共和国建设论》出版。因王政复辟而短暂入狱 |
| 1665 年 | 离开伦敦，前往恰封特·圣伊莱斯 |
| 1667 年 | 《失乐园》出版 |
| 1671 年 | 《复乐园》和《力士参孙》出版 |
| 1674 年 | 去世 |

赖德尔山庄耸立于山岗半山腰,美丽的庭园在其周围扩展开去

为诗作带来灵感的湖区风景

# 威廉·华兹华斯之家

🇬🇧 **WILLIAM WORDSWORTH 1770—1850**

大约十四岁时开始写作诗歌。从剑桥大学毕业后,曾一度旅居法国,1798 年发表了宣告浪漫主义新时代到来的诗作《抒情歌谣集》。其后,以故乡的湖区为据点,发表赞美自然的诗作。1843 年,华兹华斯继骚塞之后获得"桂冠诗人"称号。

赖德尔山庄的餐厅。宅邸与庭园一同对外公开展示

华兹华斯与英格兰西北部的湖区有着深厚渊源，他和塞缪尔·泰勒·柯勒律治、罗伯特·骚塞同被称为湖畔派诗人。他出生在位于湖区西北部的坎布里亚郡考克茅斯，生身之家是父亲从一位担任顾问律师的贵族处借来的，他在这里一直生活至九岁，其后为方便往来于同在坎布里亚郡的霍克斯黑德文法学校，与兄长一同寄宿于学校附近的租住房内。上述生身之家和借宿之处都存留了下来。升入剑桥大学后，他再度回到湖区已是 1799 年。二十五岁时，华兹华斯因从朋友处接受了一笔遗赠，拥有了能够专心写诗的经济条件，于 1798 年发表了与柯勒律治共同创作的诗集《抒情歌谣集》。

华兹华斯回到湖区后居住的家宅被称为"鸽舍"，他和帮助自己创作的妹妹一同生活，后于 1802 年与相识多年的玛丽结婚。他在这个家里一直生活至 1808 年，在附近散步的同时推敲自己的构思并获得灵感。华兹华斯的书房里没有书桌，由妻子以及妹妹多萝西记下他口述的诗句，以此推进自己的创作。在这个家居住期间，相继发表了《咏水仙》、《不朽的征兆》（世译作《颂歌：不朽的暗示》或《不朽颂》）等诸多诗作。其后，又在湖区的阿兰班克小屋等地居住。从 1813 年开始，华兹华斯一直在面向赖德尔湖的宅邸"赖德尔山庄"内生活。他还对修整庭院抱有兴趣，赖德尔山庄的庭园之美也是广为人知。

35

华兹华斯在这座鸽舍里度过了作为诗人最为纯熟的时期

华兹华斯在考克茅斯的生身之家始建于 1745 年。双亲亡故之后，华兹华斯兄弟和妹妹离开这里，被亲戚们抚养成人

在华兹华斯他们入住之前，鸽舍曾一度作为客栈使用

格拉斯米尔湖静谧的湖面倒映着天空。鸽舍就在格拉斯米尔湖的近旁

## 持续支撑诗人华兹华斯的妹妹多萝西

据说幼儿时期，擅长于滑冰的华兹华斯还喜欢在山野间散步。与他一同玩耍的，是比他小一岁的妹妹多萝西。

母亲故去后，多萝西被寄养在亲戚家里，两人处于离散状态。及至兄妹俩再度生活在一起，已是1795年的事情了。当华兹华斯作为诗人开始起步之际，多萝西不仅在记录口述诗句以及料理家务方面给予了华兹华斯很多帮助，据说对于他的创作也发挥了重要作用。

尽管她无意成为作家，却受惠于文笔才能，为哥哥记载了大量的日记以及旅行记录。其中部分内容，还被华兹华斯所著的湖区旅游指南《湖区导游》所引用。

### 威廉·华兹华斯的历程

|  |  |
| --- | --- |
| 1770年 | 出生于坎布里亚郡的考克茅斯，在兄妹五人中排行老二 |
| 1787年 | 考入剑桥大学 |
| 1791年 | 大学毕业，旅居法国 |
| 1793年 | 第一部诗集出版 |
| 1795年 | 接受朋友的遗赠，专注于诗歌创作。与妹妹多萝西一同生活于多塞特 |
| 1797年 | 迁居萨默塞特郡 |
| 1798年 | 发表与柯勒律治共同创作的《抒情歌谣集》 |
| 1799年 | 在德国旅行之后，移居湖区的鸽舍 |
| 1802年 | 与相识多年的玛丽·哈钦森结婚 |
| 1803年 | 长子约翰诞生（直至1810年，共生育了三个儿子，两个女儿） |
| 1807年 | 《两卷本诗集》出版 |
| 1812年 | 次子托马斯和次女凯瑟琳相继夭折 |
| 1813年 | 移居赖德尔山庄，兼任印花税票销售人 |
| 1814年 | 《逍遥篇》出版 |
| 1843年 | 被任命为桂冠诗人 |
| 1850年 | 去世。从1798年持续创作的大作以《序曲》之名在他死后出版 |

奥斯汀专注于写作的、位于乔登村的家宅，后为成了富家养子的哥哥爱德华所有

## 隐匿真面目的同时，持续描绘女性的日常
# 简·奥斯汀之家

 **JANE AUSTEN　1775—1817**

这位女作家留下了《理智与情感》、《傲慢与偏见》、《爱玛》、《曼斯菲尔德庄园》、《诺桑觉寺》和《劝导》六部长篇小说，这些作品描绘了居于英国乡镇的中产阶级年轻女性结婚前纡余曲折的人生之路和错综复杂的人际关系。她用出色的笔触连缀日常诸事，甚至被称为心理写实主义的先驱。

奥斯汀经常一边弹奏钢琴一边歌唱

简·奥斯汀出身于英格兰南部的斯蒂文顿一个富裕的牧师家庭，是牧师父亲的次女。奥斯汀的主要作品描绘了生活于乡村的中产阶级年轻女子结婚前的日常景况。不过，她本人却是独身走完了人生。在温切斯特郊外叫作乔登的村子里，她生活过的房屋目前作为奥斯汀纪念馆存留下来。

历经出生于斯的故乡斯蒂文顿和作为疗养地而广为人知的巴思等地，奥斯汀来到其兄拥有的这栋房屋时，是在 1809 年。她在这里一直住到母亲和姐姐卡桑德拉等人相继故去，这段时光有八年左右，而她发表第一部长篇小说《理智与情感》，是在 1811 年。奥斯汀大约二十岁时便开始写作长篇小说，《理智与情感》以及发表于 1813 年的《傲慢与偏见》，都是对以往作品进行修改后的成果。在这些作品之后，奥斯汀在乔登继续创作了长篇小说《曼斯菲尔德庄园》和《爱玛》。不过，在她生活的那个时代，女性写作小说还是罕见之事，由此而引发的社会压力也很大，所以最初她是以匿名的方式发表作品，除了亲近者，她连自己在写小说一事都不对外言说。据说在乔登的房屋里，那扇每逢开关便吱嘎作响的房门，为从访客们的眼中遮掩其创作活动发挥了重要作用。

另外，奥斯汀从 1801 年至 1805 年生活的巴思，当时作为社交场所曾盛极一时，为她的作品带来很大的影响。现在，当地设立了名为"简·奥斯汀中心"的资料馆。

公开展示的餐厅里,还放置着奥斯汀使用过的十二角形小桌

## 奥斯汀在新版十英镑纸币上的面庞

　　实为英国中央银行的英格兰银行,已决定让印有简·奥斯汀肖像的新版十英镑纸币从2017年开始流通(笔者写作当下为2016年8月)。奥斯汀的作品具有普世魅力,作为英国最伟大的作家之一,她从科学家达尔文那里继承了这个位置。肖像的背景绘有其兄爱德华所居住、奥斯汀本人也时常到访的古德玛夏姆公园,她在乔登期间喜爱且经常使用的十二角形小桌,也被纸币的设计所引用。另外,《傲慢与偏见》的主人公伊丽莎白·班纳特阅读姐姐珍·班纳特邮来的书信之时的状态及其画面等也将出现在设计之中。

奥斯汀这张小桌的形状,亦被新版纸币的设计所引用

奥斯汀曾生活了五年的位于巴思的家宅。《诺桑觉寺》和《劝导》便是以此处为舞台而展开

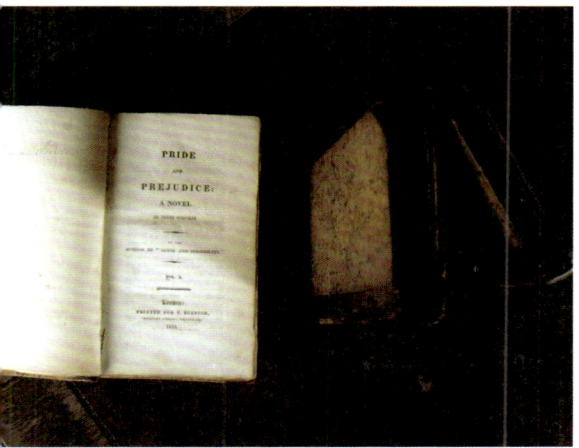

《傲慢与偏见》等作品，当年以匿名方式出版

### 简·奥斯汀的历程

|  |  |
|---|---|
| 1775年 | 出生于斯蒂文顿，是兄弟姊妹共八人中的第七个孩子 |
| 1783年 | 进入牛津的寄宿学校学习，曾一度返回父母所在的生身之家 |
| 1785年 | 前往雷丁的寄宿学校学习 |
| 1786年 | 回到父母所在的生身之家，接受来自亲属的教育 |
| 1789年 | 开始写作小说 |
| 1792年 | 在社交界崭露头角 |
| 1795年 | 执笔于其后改写为《理智与情感》的《埃莉诺与玛丽安》 |
| 1796年 | 执笔于其后改写为《傲慢与偏见》的《最初的印象》 |
| 1798年 | 执笔于《诺桑觉寺》之原型《苏珊》 |
| 1801年 | 全家迁居巴思 |
| 1805年 | 父亲亡故，依靠其兄弟的资助生活，曾借住于亲戚家中，其后迁居位于南安普顿的租借房屋 |
| 1809年 | 迁居其兄爱德华拥有的位于乔登的房屋 |
| 1811年 | 以匿名方式出版《理智与情感》 |
| 1813年 | 《傲慢与偏见》出版 |
| 1814年 | 《曼斯菲尔德庄园》出版 |
| 1815年 | 《爱玛》出版 |
| 1817年 | 在疗养地温切斯特去世 |
| 1818年 | 去世后，《诺桑觉寺》和《劝导》被安排出版 |

狄更斯诞生于朴茨茅斯市内这座由四栋红砖建筑连接起来的组体住宅内

在作家职业全盛期购入的、载有孩童时代记忆的宅邸
# 查尔斯·狄更斯之家
### 🇬🇧 CHARLES DICKENS 1812—1870

度过贫困的少年时代之后,狄更斯在从事新闻记者工作的同时开始创作活动,发表了描写孤儿成长经历的《雾都孤儿》、以伦敦和巴黎为舞台的历史小说《双城记》等诸多名作,最终成为代表英国文学的小说家。狄更斯还发表了每年的圣诞节故事,其第一部作品《圣诞颂歌》更是广为人知。

1812年,狄更斯出生于汉普郡朴茨茅斯,是兄弟姐妹共八人中的长子,其父是海军低级职员。随着父亲的工作调动,狄更斯也辗转各地度过了自己的幼儿时期,其中从五岁开始度过大约五年时光的肯特郡港口城镇查塔姆,是给他留下更多回忆的地方。他的家庭当时虽说处于中等阶层,但是父母却都有浪费的恶习,因而家境渐渐窘迫。所以,居住在伦敦的狄更斯在十二岁时,便在皮鞋油作坊辛苦劳作。最终,父亲因债台高筑而被送入负债人监狱,除了狄更斯外,全家都在狱内生活。其后因祖父去世而获得其遗产的这一家人才结束监狱生活,狄更斯也才有机会重返学校。

狄更斯曾担任过律师事务所的缮写员、民事法庭的速记员以及新闻记者,在二十多岁时,相继发表了《匹克威克外传》和《雾都孤儿》等作品,成为成功的作家。狄更斯与后来为其生育了十个孩子的妻子等人生活的公寓,就位于伦敦道蒂街,现为对外开放的狄更斯故居陈列馆。

岁月流逝,1856年,已成为国民作家的狄更斯,在查塔姆附近的罗彻斯特购入了一座豪宅。在狄更斯的记忆里,这处被称为"盖茨山庄"的宅邸,是幼儿时期被父亲告之"如果你努力工作,总有一天你会住进这座房子"以来,就为之憧憬的家宅。自1857年起直至亡故,他在这处宅邸里度过了春夏秋冬,并把收到的礼品——山中木屋(瑞士阿尔卑斯地区的大屋顶式木屋)从瑞士移过来,作为自己的书房。

在其生身之家博物馆里,狄更斯诞生时所流行的摄政时期样式的家具一应俱全

狄更斯二十五岁时迁入的新居塔维斯托克楼。这里有十二个房间,他与妻子以及胞弟、妻妹等人生活在一起

## 遭遇悲剧经历之初的家庭

位于伦敦道蒂街的狄更斯故居现为陈列馆,"盖茨山庄"中的家庭财产等物品也在这里公开展示。在这座建筑物里,狄更斯从1837年生活至1839年底,然而迁居到这里不久,他便遭受了厄运——共同生活在一起的妻子凯瑟琳的妹妹,十七岁的玛丽猝然去世。据说较之于凯瑟琳,狄更斯更钟情于玛丽。在遭受这个打击之后,他一度甚至无法写作。

当时狄更斯正在创作此前一年开始在月刊上分册发表的《匹克威克外传》和刚刚开始连载的《雾都孤儿》,他克服悲痛重新开始写作,最终获得了声誉。不过,其后由于他用情不专等原因,而与凯瑟琳离婚了。

在现已成为博物馆的塔维斯托克楼内,征集了与狄更斯有关的一万多件藏品

狄更斯于 1859 年创办刊物《一年四季》。位于伦敦的事务所的楼下，现在有一家冠以狄更斯之名的咖啡馆

从孩童时代便为之憧憬的盖茨山庄，狄更斯在这里写下了《远大前程》等作品

### 查尔斯·狄更斯的历程

|  |  |
| --- | --- |
| 1812 年 | 出生于朴茨茅斯郊区 |
| 1824 年 | 在皮鞋油作坊工作。父亲破产，除了狄更斯之外的全家人一度在负债人监狱内生活 |
| 1828 年 | 在律师事务所从事缮写员工作，其后在法庭当速记员 |
| 1830 年 | 改行为新闻记者 |
| 1833 年 | 处女作被发表在杂志上 |
| 1836 年 | 《博兹札记》出版。由 20 册构成的月刊分册《匹克威克外传》发刊。与凯瑟琳·赫加斯结婚 |
| 1837 年 | 被任命为月刊杂志主编，开始在该杂志连载《雾都孤儿》 |
| 1842 年 | 在历时半年的美国之旅后，《美国纪行》出版 |
| 1843 年 | 《圣诞颂歌》出版 |
| 1849 年 | 开始连载《大卫·科波菲尔》 |
| 1856 年 | 购入盖茨山庄 |
| 1858 年 | 与妻子分居 |
| 1859 年 | 开始连载《双城记》 |
| 1860 年 | 开始连载《远大前程》 |
| 1867 年 | 前往美国进行朗读之旅 |
| 1870 年 | 去世 |

妹妹曾生活过的豪渥斯牧师寓所，现在作为博物馆对外开放

三姐妹所遗作品的舞台——豪渥斯
# 勃朗特姐妹（夏洛蒂、艾米莉、安恩）之家
🇬🇧 **CHARLOTTE 1816—1855,EMILY 1818—1948,ANNE 1820—1849**

在约克郡从事牧师工作的勃朗特与夫人有一男五女共六个孩子，后来成为作家的是三女儿夏洛蒂、四女儿艾米莉、五女儿安恩这三姐妹。1847年，夏洛蒂、艾米莉和安恩分别化名出版了《简·爱》、《呼啸山庄》和《艾格妮丝·格雷》。这些作品中的原型，散布于三姐妹曾生活过的豪渥斯周边。

《呼啸山庄》中"维森斯顶"原型的废墟。周围生长着繁茂的欧石楠

在英格兰北部约克郡地区的索顿村担任牧师的帕特里克·勃朗特，与妻子玛丽亚生育了一男五女共六个孩子，其中的三女儿夏洛蒂、四女儿艾米莉以及五女儿安恩，后来成为作家勃朗特姐妹而广为人知。在最小的孩子安恩诞生于世的1820年，一家人从索顿村迁居同在约克郡的豪渥斯，开始在这里的牧师寓所生活。第二年，母亲玛丽亚便因病故去。悲剧并未到此结束——除了安恩，其他姐妹四人都进入寄宿学校学习，却因学校的卫生状况恶劣，大姐和二姐同于1825年早逝，夏洛蒂和艾米莉也返回了豪渥斯。

在这种境况中，三姐妹与她们唯一的兄弟布朗威尔以从父亲那里获得的十二武士小木雕玩具为契机，开始编造想象的故事，并乐此不疲。不久后，长大了的姐妹们或住在雇主家中当家庭教师，或在学校里担任教员，或前往海外留学，不断邂逅此后成为作品原型的场所和人物。1846年，三姐妹以柯勒、埃利斯和阿克顿·贝尔的名义出版了她们的《诗集》（*Poems by Currer, Ellis and Acton Bell*）。虽然这部诗集只售出两册，但在接下来的1847年，她们却接连出版了各自的作品。1848年，艾米莉因病亡故，《呼啸山庄》成了她唯一一部小说。在接下来的1849年，安恩因结核病去世，结婚后的夏洛蒂也于1855年撇下父亲离开人世。

除了埋葬在疗养所在地斯卡波罗的安恩之外，其他家人都长眠于牧师寓所前的墓地里。如同以豪渥斯为故事背景的《呼啸山庄》所代表的那样，三姐妹的作品与豪渥斯周边有着很深的关联，这一带也被称为布朗特氏乡村田园。

当年的餐厅里装饰着夏洛蒂的肖像画

在与牧师寓所相邻的教会墓地里,夏洛蒂和艾米莉长眠于此

## 木雕武士成为创作原点

　　勃朗特姐妹以豪渥斯周边和求学的学校、担任家庭教师之所等处为原型而进行创作。她们从幼儿时期开始,就在牧师寓所仿佛竞赛般磨砺自己的创作能力。对此做出重大贡献的,是在两位姐姐病故的第二年,父亲为布朗威尔买来的十二尊小武士木雕。三姐妹和布朗威尔各自选中自己的小武士并写上名字,随后编织出想象的故事并以此展开游戏。当时的这些情景被记载在了小巧的袖珍本上。不久后,兄妹四人便分为两组继续创作,夏洛蒂和布朗威尔写出了《英格兰人的故事》,艾米莉和安恩则写出了《贡德尔的故事》,在他们死后,只有《英格兰人的故事》得以出版。

记载着三姐妹编织出的故事的袖珍本

48

夏洛蒂在三姐妹中活得最为长久,她跟与父亲一同工作的副牧师阿瑟·尼古拉斯结了婚,但由于妊娠中毒而去世,享年39岁

成为《简·爱》所描述的学校原型的柯文桥女子寄宿学校。两个姐姐在这里染上肺炎并去世

### 勃朗特姐妹的历程

| | |
|---|---|
| 1816年 | 身为索顿村牧师帕特里克·勃朗特的三女儿,夏洛蒂诞生 |
| 1818年 | 四女儿艾米莉诞生 |
| 1820年 | 五女儿安恩诞生。全家迁居豪渥斯的牧师寓所 |
| 1821年 | 母亲玛丽亚去世。母亲的妹妹伊丽莎白为照顾这一家人而前来共同生活 |
| 1842年 | 夏洛蒂和艾米莉前往布鲁塞尔留学 |
| 1846年 | 三姐妹以柯勒、埃利斯和阿克顿·贝尔的名义自费出版《诗集》 |
| 1847年 | 根据夏洛蒂的提议,三姐妹将各自的小说送往出版社,对方决定出版除了夏洛蒂的《教师》以外的两部作品。10月,夏洛蒂送往其他出版社的《简·爱》以柯勒·贝尔之名出版,艾米莉的《呼啸山庄》以埃利斯·贝尔之名、安恩的《艾格妮丝·格雷》以阿克顿·贝尔之名于12月出版 |
| 1848年 | 安恩以阿克顿·贝尔之名出版《女房客》。9月,布朗威尔去世。12月,艾米莉去世 |
| 1849年 | 5月,安恩在疗养所在地斯卡波罗去世。10月,夏洛蒂的《雪莉》出版 |
| 1853年 | 夏洛蒂的《维莱特》出版 |
| 1854年 | 夏洛蒂与阿瑟·尼古拉斯结婚 |
| 1855年 | 夏洛蒂去世 |
| 1857年 | 夏洛蒂的《教师》出版 |

卡洛尔的妹妹们曾生活过的栗色寓所,最终成了他的临终之所

与一位少女的邂逅产生的故事

# 刘易斯·卡洛尔之家

## 🇬🇧 LEWIS CARROLL 1832—1898

作为数学教师,卡洛尔长年执教于母校牛津大学基督堂学院,与此同时创作儿童文学作品,发表了以亲密交往的少女爱丽丝为原型的《爱丽丝漫游奇境记》和《爱丽丝镜中奇遇记》等小说。刘易斯·卡洛尔只是作者笔名,其作为数学家查尔斯·勒特威奇·道奇森也留下了其他著述。

查尔斯·勒特威奇·道奇森即刘易斯·卡洛尔,他考入亦为牧师父亲母校的牛津大学基督堂学院学习,毕业后留校任数学讲师等职。在六十六岁去世前,他一直住在这座学校的宿舍里,在《爱丽丝漫游奇境记》这部小说的背景中,就有与那位少女的邂逅。

1855年,在卡洛尔二十三岁的时候,基督堂学院的新院长亨利·利德尔到任。喜欢孩子的卡洛尔很快便与利德尔家的孩子们打成一片,其中一个孩子就是二女儿爱丽丝。有一天,卡洛尔与利德尔家三姐妹同往泰晤士河泛舟游览,他即兴编出一位与爱丽丝同名的少女的历险故事。后来,卡洛尔把就连插图都是亲手绘制的《爱丽丝地下历险记》作为圣诞礼物送给了喜欢这个故事的爱丽丝,《爱丽丝漫游奇境记》则是在此

牛津大学基督堂学院的餐厅大厅。卡洛尔的肖像也位列其中,彩绘玻璃上绘有《爱丽丝漫游奇境记》里的画面

卡洛尔拍摄的爱丽丝·利德尔。她穿着破烂不堪的衣服

基础上加工润色并请约翰·坦尼尔为其配制插图的出版物。因为该小说获得的成功,1868年之后,卡洛尔开始在学校宿舍中房租最高的居所内生活。此外,他还热衷于摄影,在学校宿舍的屋顶平台上搭建了小小摄影棚,其拍摄对象大多是孩子们,以爱丽丝为主的利德尔家孩子们的照片也存留至今。

1868年,父亲去世,道奇森一家人离开了卡洛尔从十一岁时就曾居住的约克郡的家宅。新家是位于萨里郡吉尔福德的、被称为"栗色寓所"的家宅,1898年,卡洛尔在这里探望妹妹们期间染上感冒久拖不愈,从而辞别人世。

### 刘易斯·卡洛尔的历程

| | |
|---|---|
| 1832年 | 出生于柴郡沃灵顿郊区,是十一个兄弟姐妹中的第三个孩子(长子) |
| 1843年 | 随着牧师父亲的调任,迁居约克郡斯卡伯勒 |
| 1846年 | 在里士满一所文法学校学习两年后,被送往拉格比的学校 |
| 1851年 | 考入牛津大学基督堂学院。母亲亡故 |
| 1854年 | 毕业后,作为特别研究生留校,同时担任数学教师 |
| 1855年 | 基督堂学院新任院长亨利·利德尔到任 |
| 1856年 | 购买照相机,以摄影为乐事 |
| 1862年 | 与利德尔家三姐妹泛舟泰晤士河,以爱丽丝为主角的故事由此诞生。其后将《爱丽丝地下历险记》赠送给爱丽丝 |
| 1865年 | 《爱丽丝漫游奇境记》出版 |
| 1867年 | 数学专著《行列式基础》出版 |
| 1868年 | 父亲去世,遗族迁居萨里郡吉尔福德 |
| 1871年 | 《爱丽丝镜中奇遇记》出版 |
| 1876年 | 《猎鲨记》出版 |
| 1881年 | 辞去数学教师之职,继续一对一地教授学生 |
| 1889年 | 《西尔维娅和布鲁诺》出版 |
| 1893年 | 《西尔维娅和布鲁诺终结篇》出版 |
| 1897年 | 《符号逻辑学》出版 |
| 1898年 | 在吉尔福德去世 |

马克斯门目前由国民托管组织管理。哈代去世后，遗孀将家产变卖一空，目前运用同时代的家具来再现当时的房间

在亲手设计的家宅里，写作故乡韦塞克斯的故事

# 托马斯·哈代之家

 **THOMAS HARDY 1840—1928**

作为建筑师而劳作的同时勤于创作，以匿名方式发表其第一部小说《穷汉与淑女》。不久后开始专注于写作，运用以往的建筑师技能设计了家宅并在这里创作。1891年和1895年，哈代先后发表了广为人知的代表作《德伯家的苔丝》和《无名的裘德》，他将故乡多塞特地区（韦塞克斯）作为小说背景之事也是广为人知。

在"文豪与家宅"这对关系中，哈代在自己与其他文豪之间划了一条界限。为何如此？因为他本人还是一位建筑师，其最终住所马克斯门，就是由他亲自设计而建造起来的。

哈代出生于1840年，是石匠父亲和喜爱读书的母亲的长子，茅草葺顶的生身之家位于植被丰茂的多塞特郡上伯克汉普顿。在这个家庭里，由于母亲的影响，他在爱好文学的氛围中成长，十六岁时成为教会建筑师的学徒，后于1862年离开故乡，在伦敦的著名建筑师身旁工作。哈代在从事建筑工作的同时开始写作诗歌，于1867年返回生身之家，又开始写起了小说。最初，他以匿名方式发表作品，不久后作为小说家获得了成功。1874年，他与第一任妻子埃玛结婚，以此为契机迁居伦敦郊外，

哈代出生于斯的这座茅草葺顶的房屋，是其曾祖父所建。《绿荫下》以及《远离尘嚣》就是在这座屋子里创作的

马克斯门书房当年的模样。目前由多塞特郡博物馆设立的哈代展区予以重现

| 托马斯·哈代的历程 | |
| --- | --- |
| 1840年 | 出生于多切斯特郡上伯克汉普顿 |
| 1856年 | 成为多切斯特的教会建筑师约翰·希克斯的学徒 |
| 1862年 | 在伦敦为教会建筑师当助手 |
| 1867年 | 返回故乡，再度为希克斯工作 |
| 1871年 | 匿名出版《穷汉与淑女》 |
| 1872年 | 匿名出版《绿荫下》并获得好评 |
| 1873年 | 《一双蓝眼睛》出版。辞去建筑师工作，专注于写作 |
| 1874年 | 《远离尘嚣》出版。与埃玛结婚并迁居伦敦 |
| 1878年 | 《还乡》出版 |
| 1883年 | 迁回故乡 |
| 1885年 | 迁居亲自设计的马克斯门 |
| 1891年 | 《德伯家的苔丝》出版 |
| 1895年 | 《无名的裘德》出版，招致猛烈抨击，此后停止创作小说，改而写作诗歌 |
| 1903年 | 发表由三部曲构成的长篇叙事诗《霸王》（直至1908年） |
| 1912年 | 埃玛去世 |
| 1914年 | 与弗洛伦斯·埃米莉·达格戴尔再婚 |
| 1928年 | 去世。人们在威斯明斯特教堂为其举行了国葬 |

却又于1883年再度返回故乡，两年后完成了马克斯门的建造。新居位于距离其生身之家较近的多塞特郊区 马克斯门的称谓，据说缘于这里曾紧邻名为马克的通行税征缴人的家宅之故。

哈代将生身之家和马克斯门所在的多塞特地区，用当地曾经的王国之名韦塞克斯称呼，曾数度在小说中使用这个称谓，这些作品被统称为"韦塞克斯小说"，其中的《德伯家的苔丝》和《无名的裘德》更是闻名遐迩。作为名作而满载声誉的这两部作品，在当初发表时，其内容却被严厉抨击为不道德。为此，哈代将发表于1895年的《无名的裘德》作为最后一部小说，从此告别小说创作而埋头于诗歌写作。

道尔为罹患结核病的妻子建造的林荫别墅

从无人问津的诊所医生变身为走红小说家

# 阿瑟·柯南·道尔之家

## 🇬🇧 ARTHUR CONAN DOYLE 1859—1930

柯南·道尔出生于苏格兰，曾从事随船医生等职，其后开业行医但是无人问津。然而，他在其间开始写作，在月刊连载以著名侦探夏洛克·福尔摩斯为主人公的短篇小说，获得了当红作家的地位。除了代表作《福尔摩斯探案集》之外，他还留下了历史小说、科幻小说和灵异小说等众多作品。

著名侦探夏洛克·福尔摩斯之父柯南·道尔原本并不是以小说家为主业。他从养育了自己的故乡苏格兰的爱丁堡大学医学院毕业后，一度当过捕鲸船等船只的随船医生，其后自己开业行医，在朴茨茅斯郊外的榆树谷布什街一号开了大约八年诊所。不过，这家诊所并不兴旺，道尔便利用空闲时间写作小说，以此赚取稿费收入。1887 年，他发表了福尔摩斯系列的第一部作品、长篇小说《血字的研究》。

1891 年，道尔在伦敦的上温坡街 2 号开办了眼科诊所，却由于没有眼科行医执照，没有患者上门就医。不久后他便专注于创作活动，从 1891 年 7 月起在《链》杂志连载的、福尔摩斯活跃于其中的短篇小说获得了好评，巩固了其作为作家的地位。

道尔经常光顾的伦敦大众酒馆"赫里福德牛·阿姆斯"。《彼得·潘》的作者詹姆斯·巴里也是这家酒馆的常客

道尔无照开业的眼科诊所所在的上温坡街2号

道尔生活过的家宅,目前存留于萨里郡新德黑德,这是由于第一任妻子路易斯·霍金斯罹患结核病,为了她的疗养而于1897年建造的宅邸。直至路易斯病逝后的第二年,即1907年,道尔在这座被称为"林荫别墅"的家宅中生活了大约十年。同年,他与第二任妻子珍·勒奇再婚,并迁居苏塞克斯郡的克罗伯勒,在那里一直生活至七十一岁时去世。另外,福尔摩斯在作品中租住的贝克街221B,现在其紧邻处是已成为著名观光之所的夏洛克·福尔摩斯博物馆。

### 阿瑟·柯南·道尔的历程

| | |
|---|---|
| 1859年 | 出生于苏格兰爱丁堡,在十个孩子中排行老三(长子) |
| 1881年 | 大学毕业后作为随船医生参加工作 |
| 1882年 | 在朴茨茅斯郊外开办诊所 |
| 1885年 | 与第一任妻子路易斯·霍金斯结婚 |
| 1887年 | 夏洛特·福尔摩斯系列第一部作品《血字的研究》发表于《比顿圣诞年刊》杂志 |
| 1889年 | 历史小说《麦克·克拉克》出版 |
| 1890年 | 发表《四个签名》 |
| 1891年 | 作为眼科医生在伦敦开办眼科诊所 |
| 1892年 | 将《链》杂志连载的福尔摩斯系列汇总后出版其单行本《福尔摩斯探案集》 |
| 1892年 | 在《链》杂志连载新写的十二篇系列小说,并在最后一篇里让福尔摩斯死亡。单行本《福尔摩斯——回忆录》出版 |
| 1896年 | 《准将杰拉德的功绩》出版 |
| 1902年 | 《巴斯克维尔的猎犬》出版 |
| 1905年 | 《福尔摩斯——归来记》出版 |
| 1906年 | 第一任妻子路易斯病逝 |
| 1907年 | 与第二任妻子珍·勒奇再婚 |
| 1915年 | 《恐怖谷》出版 |
| 1917年 | 《最后致意》出版 |
| 1927年 | 《新探案》出版 |
| 1930年 | 去世 |

叶芝改建后与家人共同生活的巴利李塔楼，今被称为叶芝塔

晚婚诗人与家人共同生活的十五世纪城堡
# 威廉·巴特勒·叶芝之家
🇬🇧 **WILLIAM BUTLER YEATS 1865—1939**

爱尔兰诗人、剧作家。挖掘以母亲的故乡斯莱戈为中心的、存留于各地的民间故事并予以发表，致力于爱尔兰文艺复兴运动。1922年担任爱尔兰自由邦参议员，1923年获得诺贝尔文学奖。

经过改建的塔楼底层还开设了巨大窗户,据说叶芝的妻子乔治曾从窗子探出鱼竿钓鱼

叶芝是诗人,同时也是十九世纪末的爱尔兰文艺复兴运动的核心人物。他挖掘存留于各地的民间故事,其中多为流传于母亲故乡斯莱戈的故事。

1865年,叶芝出生于都柏林郊外,父母均具有盎格鲁-爱尔兰裔血统。一家人后来随同前往伦敦美术学校深造的父亲迁居伦敦,其后,叶芝便在不断往来于伦敦和斯莱戈的过程中成长,1872年至1874年,他生活在斯莱戈。长大成人之后,他也是频频造访流传着精灵故事的这块土地,将其写入作品中。

邻近区域的丽莎德尔有大地主亨利·格尔-布斯爵士的宅邸,叶芝与这家人有过交流,晚年还创作了赞扬在爱尔兰独立运动中因复活节起义而被捕的这家姐妹二人的诗歌。

叶芝还因为与独立运动骨干茅德·冈昂亲密交往而广为人知。对茅德数

度求婚遭拒后,他于五十二岁时对茅德的女儿提出求婚。在这次求婚同样遭到拒绝的几个星期后,他与英国女人乔治结了婚。当时他买下的,是位于爱尔兰高尔韦郡的巴利李塔楼。这座始建于十五世纪的城堡兼宅邸,曾是与叶芝共同发起爱尔兰国家剧场运动的剧作家格雷戈里夫人的宅邸。

叶芝以往就曾不断造访这里并深感满意,他对巴利李塔楼不断地进行改建,直至1929年入住为止。他和家人在这里度夏,还将这座塔楼写进了自己的作品。另外,叶芝成人后照例往来于伦敦和爱尔兰之间的居所,也存留于伦敦的布卢姆茨伯里地区。1895年至1919年,他将此处作为自己的居所。

曾出现在叶芝作品里的斯莱戈郡罗赛斯的风景。年少时,叶芝与画家弟弟杰克等人每年都在这里度夏

## 去世九年之后魂归斯莱戈

　　1938 年 11 月,叶芝离开爱尔兰前往法国南方,翌年 1 月下旬在罗克布罗恩去世。其遗体在当地被埋葬后,最终于 1948 年运回与其缘分深厚的斯莱戈郡,这是遵从叶芝所嘱"等待新闻界忘却我之后,希望将遗体挖出来埋葬于斯莱戈"之遗愿。目前,叶芝的墓被安置在德拉姆克利夫教堂墓地。

　　墓志铭摘自他晚年留下的诗作《在本布尔本山下》的最后一节。本布尔本山是座标高 525 米、呈餐桌形独特形状的石山,从德拉姆克利夫可以眺望其雄姿。

鼓崖陵区内的叶芝墓

位于布卢姆茨伯里的伦敦第一条步行购物街沃本街。
叶芝居住过的建筑物就在这条街道的一角

位于沃本街的家宅里的书房。叶芝搬走后，茅德·冈昂迁入此处

### 威廉·巴特勒·叶芝的历程

|  | |
|---|---|
| 1865 年 | 出生于都柏林郊外的山迪蒙 |
| 1867 年 | 父亲约翰前往伦敦的美术学校深造，叶芝随之迁居伦敦 |
| 1872 年 | 离开父亲，前往斯莱戈 |
| 1874 年 | 返回伦敦 |
| 1881 年 | 迁居都柏林郊外的霍斯 |
| 1884 年 | 进入都市美术学校学习 |
| 1885 年 | 诗作第一次在杂志上发表 |
| 1887 年 | 迁居伦敦 |
| 1889 年 | 《乌辛之浪迹及其他诗作》出版 |
| 1892 年 | 发表诗剧《凯丝琳女伯爵及其他传说和抒情诗》 |
| 1893 年 | 发表散文集《凯尔特曙光》 |
| 1896 年 | 与格雷戈里夫人邂逅相识 |
| 1899 年 | 发起爱尔兰国家剧场运动，《凯丝琳女伯爵及其他传说和抒情诗》上演，诗集《苇间风》出版 |
| 1904 年 | 创建艾比剧场 |
| 1916 年 | 受日本能剧影响创作的《鹰泉》在伦敦初次上演 |
| 1917 年 | 购入巴利李塔楼。与乔治结婚 |
| 1922 年 | 出任爱尔兰议会的参议员 |
| 1923 年 | 获得诺贝尔文学奖 |
| 1928 年 | 诗集《塔楼》出版 |
| 1939 年 | 在法国南部去世 |

山顶农场的农舍被波特用作书房和工作间

绘本的世界从湖区的农场扩展开去

# 比阿特丽克斯·波特之家

🇬🇧 **BEATRIX POTTER 1866—1943**

比阿特丽克斯·波特是因为彼得兔系列丛书而广为人知的绘本作家。她出生并成长于伦敦,把自己以宠物兔为原型编织的故事图文并茂地描绘出来,以此为契机出版了《彼得兔的故事》。其后,她买下并经营少女时代曾访问并心存向往的湖区的农场。农场的周边从此作为故事的原型屡屡出现在她的作品里。

在写作的同时还要经营农场的波特

　　一直都在吸引着全世界孩子们的彼得兔系列丛书，其作者比阿特丽克斯·波特在 2016 年迎来了一百五十周年诞辰。

　　波特出身于伦敦一个富裕家庭，她没上过学校，在家里接受家庭教师的教育，从幼儿时期便喜爱绘画，对活体动物也颇有兴趣，饲养过很多种类的宠物。

　　超过二十卷本的彼得兔系列丛书的第一本，是《彼得兔的故事》，其主人公与波特饲养的兔子同名，此书出版于 1902 年。这个故事的缘起，是波特于 1893 年给她以前的家庭教师安妮·摩尔的小儿子诺埃尔所绘的一封信函。

　　1905 年，在失去因罹患白血病而去世的未婚夫后，波特用稿酬买下了湖区位于尼尔索里的山顶农场。

　　自从十六岁时因避暑来过湖区之后，这里就成了她向往的场所，尼尔索里更是位于让她魂牵梦绕的埃斯韦特湖畔。

　　波特在经营农场的同时，在这块土地上继续创作绘本，周围的风景以及人物和各种动物屡屡出现在彼得兔系列丛书等绘本里。

　　四十七岁时，她与律师威廉·希里斯结婚，移居至尼尔索里的城堡农场的农舍。波特还热情参与自然保护活动，作为其中一项措施，就是不断地收购湖区的农场和土地。在波特去世后，遵其遗嘱，这些农场和土地全都捐献给了以保护历史性建造物为目的而设立的国家信托组织。

　　成为诸多作品的背景地、波特的骨灰亦撒布其中的山顶农场，在国家信托组织的管理之下，一直保持着当年的风貌。

61

摆放着可爱饰物的山顶之家起居室。这处家宅和农场的情景被写进了《小猫汤姆的故事》中

《馅饼和饼托的故事》中的农舍原型

宛若图画般美丽的湖区风景装饰着波特的作品

曾经为波特所有的紫杉农场

结婚后的波特迁居城堡农场的农舍,开始了真正意义上的农场生活

## 亲自饲养濒临灭绝的黑德威克羊

波特既是作家,也是农场经营者,还在培育黑德威克羊这一领域做出了贡献。根据国家信托组织的理念,她认为维护农村文化与保护景观同样重要,于是在自己的农场里亲自培育当时濒临灭绝的黑德威克羊,还曾因此在诸多品评会上获奖。

黑德威克羊也曾出现在创作于1929年的《大篷车的故事》里。1943年,波特被评选为黑德威克羊培育者协会的第一任女会长。也是在这一年,波特与世长辞。按照她的遗嘱,其骨灰被牧羊人撒布在了山顶农场。由于其撒布地点也对她丈夫保密,所以到现在也没有人知道其具体位置。

### 比阿特丽克斯·波特的历程

|  |  |
|---|---|
| 1856年 | 出生于伦敦肯辛顿区 |
| 1877年 | 为避暑借用苏格兰的达洛基斯别墅 |
| 1878年 | 接受绘画教育 |
| 1882年 | 夏日里初访湖区,在温德米尔近郊度过夏季 |
| 1883年 | 安妮·卡特出任其家庭教师 |
| 1893年 | 命名为本杰明的兔子死去,继而饲养命名为彼得的兔子。在给安妮的儿子诺埃尔的图文信函中描绘"彼得兔的故事" |
| 1901年 | 发表私家版《彼得兔的故事》 |
| 1902年 | 商业版《彼得兔的故事》出版。发表私家版《格洛斯特老裁缝的故事》 |
| 1903年 | 商业版《格洛斯特老裁缝的故事》出版,《小松鼠纽金的故事》出版,此后便经常发表作品 |
| 1905年 | 与其秘密订婚的、沃恩出版社的诺曼·沃恩病故。购入尼尔索里的山顶农场 |
| 1907年 | 《小猫汤姆的故事》出版 |
| 1909年 | 购入尼尔索里的城堡农场的农舍 |
| 1912年 | 《小狐狸托德的故事》出版 |
| 1913年 | 与律师威廉·希里斯结婚,移居城堡农场的农舍 |
| 1922年 | 《兔子帕西利的童话》出版 |
| 1924年 | 购入托拉别克公园农场 |
| 1943年 | 出任黑德威克羊培育者协会的会长。其后在城堡农场的农舍去世,其所有地产捐赠给国家信托组织 |

可见护墙板外壁的蒙克别墅，这是十七世纪建造的房舍

文化人和艺术家荟萃的家庭
# 弗吉尼亚·伍尔夫之家
### 🇬🇧 VIRGINIA WOOIF 1882—1941

1915 年出版经长年推敲的处女小说《远航》。其代表作有运用意识流手法写作的《达罗威夫人》和《到灯塔去》，主张女性在经济和精神两方面独立的《一个自己的房间》也拥有很多读者。在她与丈夫共同经营的霍加斯出版社里，除了自己的作品以外，还出版了曼斯菲尔德和福斯特的作品。

弗吉尼亚·伍尔夫出生于伦敦高级住宅区海德公园，父亲是著名编辑、评论家。同为再婚的父母有四个孩子，弗吉尼亚是其中第三个孩子。她在家里接受父母的教育，据说家里藏有数量庞大的书籍。每年一到夏季，一家人便去位于康沃尔郡海岸的疗养地圣艾夫斯的别墅避暑，这个体验其后屡屡与《到灯塔去》等作品联系起来。继母亲去世后，父亲也于 1904 年去世，于是孩子们搬迁到位于布鲁姆斯伯里的戈登广场的家宅里。这个家成了哥哥与大学里的朋友们组成的小团体的据点，这个小团体后来作为文化人和艺术家构成的沙龙——布鲁姆斯伯里团体而广为人知。弗吉尼亚也参加了这个团体，与姐姐瓦奈莎同为团体的核心人物。1912 年，弗吉尼亚与该团体另一个成员伦纳德·伍尔夫结婚，三年后

建筑物背面,是其丈夫伦纳德·伍尔夫买下的漂亮、宽敞的庭院

弗吉尼亚执笔之所的房舍,她每天至少要在这里度过三个小时

的 1915 年,出版了婚前便开始执笔的处女小说《远航》。也是在这一年里,夫妇俩迁居位于伦敦里士满的霍加斯寓所,于 1917 年在这里创办了霍加斯出版社,出版了弗吉尼亚以及 T.S. 艾略特等人的作品。

另外,从结婚那年起,这对夫妻便在东苏塞克斯郡借用了一套别墅,不过在 1919 年,他们在该郡购买了位于罗德梅尔的蒙克别墅。弗吉尼亚的姐姐瓦奈莎家的霍尔斯顿农庄就在附近,那里已成为布鲁姆斯伯里团体的新据点,于是团体的伙伴们也开始在蒙克别墅聚会。在其庭院里,有一座外表漂亮的木造房舍,弗吉尼亚将这里作为工作间,写下了诸多作品,直至自杀。

### 弗吉尼亚·伍尔夫的历程

| | |
|---|---|
| 1882 年 | 出生于伦敦。父亲莱斯利·斯蒂芬是个活跃的编辑、评论家、历史学家和登山运动爱好者 |
| 1895 年 | 母亲朱莉娅猝死,弗吉尼亚陷入神经衰弱之中 |
| 1904 年 | 父亲莱斯利去世。与画家姐姐瓦奈莎等一同迁居布鲁姆斯伯里的戈登广场。不久,布鲁姆斯伯里团体开始形成 |
| 1910 年 | 布鲁姆斯伯里团体策划的恶作剧"伪埃塞俄比亚皇帝事件"引起轰动 |
| 1912 年 | 与作家伦纳德·伍尔夫结婚 |
| 1915 年 | 处女小说《远航》出版。迁居位于伦敦里士满的霍加斯寓所 |
| 1917 年 | 创办霍加斯出版社 |
| 1919 年 | 买下蒙克别墅 |
| 1925 年 | 《达罗威夫人》出版 |
| 1927 年 | 《到灯塔去》出版 |
| 1928 年 | 《奥兰朵》出版 |
| 1929 年 | 《一个自己的房间》出版 |
| 1931 年 | 《海浪》出版 |
| 1941 年 | 《幕间》出版。陷入忧郁状态,自沉于流淌在蒙克别墅附近的乌斯河 |

出生于都柏林郊外的拉斯马因兹。生身之家是红砖建造的房屋，在当时，这个家庭还算是富裕

辗转各地的同时，接连写出以故乡为背景的名作

# 詹姆斯·乔伊斯之家

## 🇬🇧 JAMES JOYCE 1882—1941

二十二岁时离开故乡都柏林，在的里雅斯特任教，同时出版了诗集《室内音乐》。其后，这位小说家和诗人旅居苏黎世和巴黎并持续创作。他的小说皆以故乡为背景，其代表作有《都柏林人》、半自传体长篇小说《年轻艺术家的肖像》、以荷马的《奥德赛》为源头的《尤利西斯》等。

出生于1882年的乔伊斯在故乡都柏林的生活，截止于他与其后成为其妻子的诺拉私奔、乘船前往欧洲大陆时的二十二岁。在乔伊斯发表处女作的1907年，他正生活在奥匈帝国治下的意大利城市的里雅斯特，其后在瑞士的苏黎世生活了几年，从1920年开始，便以巴黎为据点执笔写作。1940年，他离开曾长年生活的巴黎，于翌年在苏黎世去世。乔伊斯虽然是在远离故乡的场所笔耕不辍，却留下了以《尤利西斯》为代表、短篇小说《都柏林人》和半自传体小说《年轻艺术家的肖像》等以都柏林为背景的名作。

乔伊斯在五十八年的生涯中，将足迹印在了欧洲大陆各处，只有三分之一的时光属于都柏林。

在他诞生之初，家里的生活还算是富裕，其后却日渐没落。受其影响，乔伊斯便有了在这个街区往来搬迁十多次的经历。曾经居住过的房舍中虽然有些已经拆毁，但是如果漫步于都柏林市区的话，以其生身之家为始，现在仍然可以找出他生活过的多处居所。都柏林市内的、乔伊斯曾就读的纪律森严的学校，后来也成了以斯蒂芬·代达勒斯为主人公的《年轻艺术家的肖像》之原型。另外，位于都柏林南方桑迪戈夫的马特楼塔，在斯蒂芬·代达勒斯再度出场的《尤利西斯》开头部分里也有描述。这座楼塔，原本是准备与拿破仑战斗而构筑的碉堡，年轻的乔伊斯在拜访友人时曾在这里小住几日。由于这个缘故，此处现在成了乔伊斯纪念馆。

桑迪戈夫的马特楼塔也被称为詹姆斯·乔伊斯塔

### 詹姆斯·乔伊斯的历程

|  | |
|---|---|
| 1882年 | 出生于都柏林，是十个孩子中的老大，其后在辗转于都柏林周边的过程中成长 |
| 1898年 | 入都柏林大学学院学习，在校期间撰写了有关易卜生的评论文章并在杂志上发表 |
| 1903年 | 大学毕业后，为学习医学前往巴黎留学，却因母亲病情恶化而回国。同年，母亲病故 |
| 1904年 | 与诺拉邂逅，继而私奔前往欧洲大陆 |
| 1905年 | 在奥匈帝国治下的意大利城市的里雅斯特担任教职 |
| 1906年 | 迁居罗马，翌年返回的里雅斯特 |
| 1907年 | 诗集《室内音乐》 |
| 1914年 | 《都柏林人》出版 |
| 1915年 | 受第一次世界大战的影响，迁居苏黎世 |
| 1916年 | 《年轻艺术家的肖像》出版 |
| 1918年 | 唯一的剧本《流亡者》出版 |
| 1920年 | 迁居巴黎 |
| 1922年 | 《尤利西斯》出版 |
| 1931年 | 与妻子诺拉正式结婚 |
| 1939年 | 《芬尼根的守灵夜》出版 |
| 1940年 | 再度迁居苏黎世 |
| 1941年 | 去世 |

白色外壁的别墅格林威寓所。这里还有码头,可以从达特河乘船前往

屹立于河畔的宏大别墅,是孩童时代所憧憬的宅邸
# 阿加莎·克里斯蒂之家
 AGATHA CHRISTIE 1890—1976

第一次世界大战期间执笔写作其处女作《斯泰尔斯庄园奇案》。赫尔克里·波洛第一次出场的这部小说自1920年出版以来,波洛以及马普尔小姐等著名侦探活跃其中的推理小说便在全世界大受欢迎,其作者阿加莎则被誉为推理女王。1952年创作的剧本《捕鼠器》则不断地更新了戏剧公演的世界最长纪录。

在格林威寓所内面向打字机的阿加莎

英籍美国人弗雷德里克与继母的侄女儿、英国人克拉拉产下的最小的孩子，便是阿加莎·克里斯蒂。阿加莎的生身之家阿什菲尔德宅邸，位于被称为英国的里维埃拉的疗养胜地——德文郡托基。

阿加莎于1914年与第一任丈夫阿奇博尔德·克里斯蒂结婚。阿奇博尔德是空军军官，婚后随即出征。在托基的医院里从事药剂师工作的阿加莎为满足写作推理小说的愿望，于1916年休假两周，前往达特摩尔做创作旅行。她在这里完成的，便是著名侦探波洛出场的《斯泰尔斯庄园奇案》，该作品于1920年出版。在此期间，阿加莎于1918年迁居伦敦，翌年产下女儿罗莎琳德·克里斯蒂。

阿加莎在伦敦频繁搬家，离婚后和女儿住过的地方有南肯辛顿区的居所，有为逃避战火而迁居的伊索孔大楼，还有直至1976年去世前始终拥有其中一室的切尔西区的斯万庭院等居所。

此外，阿加莎于1938年在故乡托基附近买下别墅，那是建造于乔治王朝时代的、十八世纪后半叶的建筑物。这座被称为格林威寓所的家宅建在达特河畔开阔的地块上，这也是阿加莎从幼儿时期便为之憧憬的宅邸。而且，一如阿加莎初登文坛的作品是在旅途中写出的那样，她离开这处宅邸外出创作亦屡见不鲜。譬如其代表作之一《东方快车谋杀案》，也是在其常住的旅店——土耳其伊斯坦布尔的"佩拉皇宫酒店"里执笔写作的。

阳光从诸多窗口洒进客厅,格林威寓所的钢琴也摆放在这里

位于达特河岸的、归属格林威寓所的船库

阿加莎常住的旅店——土耳其伊斯坦布尔的"佩拉皇宫酒店"

## 与在发掘现场邂逅的考古学者再婚

1928年与阿奇博尔德·克里斯蒂离婚后,阿加莎于1930年和考古学者马克斯·马洛文再婚,那是在旅途中访问美索不达米亚的发掘现场与其邂逅相识后不久的事情。尽管她仍然以阿加莎·克里斯蒂的名义发表作品,不过在私下里却喜欢别人称其为马洛文夫人。这对夫妇经常前往发掘现场,这与《尼罗河上的惨案》以及《美索不达米亚谋杀案》等作品的问世也有着内在联系。

在写作这些作品期间,一家人住在位于伦敦卡姆登地区的谢菲尔德寓舍,这里也是阿加莎第一次拥有书房的家。这处房舍现在还存留着,但当1941年战火越发炽烈之际,阿加莎一家人迫不得已只好迁居他处。

| 阿加莎·克里斯蒂的历程 | |
|---|---|
| 1890年 | 出生于德文郡托基,是英籍美国实业家父亲和英国母亲的第三个孩子(次女) |
| 1914年 | 与空军军官阿奇博尔德·克里斯蒂结婚 |
| 1920年 | 《斯泰尔斯庄园奇案》出版 |
| 1922年 | 周游南非、澳大利亚和美国等国。《秘密机关》出版 |
| 1923年 | 《高尔夫球场命案》出版 |
| 1924年 | 《波洛登场》出版 |
| 1926年 | 《罗杰·艾克罗伊德谋杀案》出版。母亲病故 |
| 1928年 | 与阿奇博尔德·克里斯蒂离婚 |
| 1930年 | 与考古学者马克斯·马洛文再婚。《教堂杀人案》出版 |
| 1934年 | 《东方快车谋杀案》出版 |
| 1936年 | 《ABC谋杀案》出版 |
| 1939年 | 《无人生还》出版 |
| 1952年 | 伦敦大使剧场首演戏剧《捕鼠器》 |
| 1954年 | 剧本《捕鼠器》出版 |
| 1973年 | 《命运之门》出版 |
| 1975年 | 二十世纪四十年代执笔的、有关波洛最后事件的《帷幕》出版 |
| 1976年 | 在牛津郡沃灵福德的家中去世。二十世纪四十年代执笔的、有关马普尔小姐最后事件的《沉睡谋杀案》出版 |

拉法恩镇屹立崖头的船库。这是资助者为托马斯购入的房舍

环顾海湾的崖上书房
# 狄兰·托马斯之家
🇬🇧 **DYLAN THOMAS 1914—1953** 

二十岁时便以《诗十八首》引人注目地亮相文坛，作为有前途的新浪漫主义诗人而受到关注。第二次世界大战后，在拉法恩镇（位于威尔士）的船屋里继续写诗。在广播电台里也发表了许多诗作，不过与此同时，却沉溺于酗酒，在美国巡回朗读途中因过度饮酒而死亡。

　　摇滚、民谣歌手鲍勃·迪伦曾因受其巨大影响而模仿他的事广为人知。他出生于被自己称为"这座丑陋且可爱的小城镇"和"野心之墓园"的威尔士第二大城市斯旺西。他的生身之家位于康顿金大道的坡道上，这处家宅目前已成为博物馆，再现了托马斯一家当初作为新居的模样。托马斯在这里度过了前往伦敦之前的、人生最初的二十年时光，还在这里写出了诸多诗歌和小说。他在父亲教授英语的文法学校里学习，于十六岁时离开这所学校，之后曾当过新闻记者，然后在二十岁时迁居伦敦。他的第一部诗集，就是在这个时期出版的。

　　在威尔士的海边小镇拉法恩，有一座让他度过人生最后四年时光的家宅。从小镇的中心区域徒步大约十分钟，就是屹立于崖头的、被称为"船屋"的

船库旁还存留着托马斯用作书房的小木屋

托马斯将这座景观良好、用作执笔的小木屋称为"水木房间"

| 狄兰·托马斯的历程 | |
| --- | --- |
| 1914年 | 出生于斯旺西 |
| 1925年 | 在父亲任教的文法学校里学习 |
| 1931年 | 离开学校,在《南威尔士日报》当记者 |
| 1932年 | 成为报道本地新闻的自由记者 |
| 1934年 | 迁居伦敦,处女诗集《诗十八首》出版 |
| 1936年 | 迁居康沃尔郡,诗集《诗二十五首》出版 |
| 1937年 | 第一次在广播电台演出。与凯特琳·麦克娜马拉结婚 |
| 1938年 | 迁居拉法恩 |
| 1939年 | 长子诞生。诗集《爱的地图》出版 |
| 1940年 | 直至第二次世界大战结束,一直在不停地变换住处。《青年狗艺术家的画像》出版。撰写政治宣传用电影剧本以赚取生活费 |
| 1943年 | 诗集《新诗集》出版。长女诞生 |
| 1946年 | 诗集《死亡入口》出版 |
| 1949年 | 迁居拉法恩镇的船屋。次子诞生 |
| 1952年 | 《威尔士男孩的圣诞节》录音。诗集《梦中的乡村》出版 |
| 1953年 | 第三次前往美国。执笔写作广播剧《牛奶树下》。因过度饮酒而去世 |

这座家宅。细说起来,拉法恩是托马斯在十九岁初访这里时便为之倾心的小镇,后于1938年携家人一同搬到了这里。其后他虽然受第二次世界大战的影响而迁居伦敦,却仍然于1949年返回拉法恩,将船屋当作自己新的居所。在他与妻子以及三个孩子共同生活的这处家宅上方有一座小木屋,他将其作为自己的书房使用,并从这里频频光顾附近一座旅馆里的酒吧。然而,托马斯在这里的生活并未持续很久——他为讲演和朗读去美国旅行途中,因大量饮用威士忌而倒下,五天后去世,时年三十九岁。目前,船屋故居对外开放,托马斯在紧邻的墓地里与妻子一同长眠。

专栏：文豪长眠的教堂

# 威斯敏斯特教堂

在这座历史悠久的教堂里，长眠着诸多文豪

位于伦敦中心区域的威斯敏斯特教堂，自威廉一世于1066年在这里举行加冕典礼以来，英国历代君王的加冕典礼都在此举行，这里还是王室举办葬礼和结婚仪式的场所。现存的这座庄严且美丽的建筑物，曾于十三世纪重建，作为代表英国的哥特式建筑而闻名于世。教堂内长眠着截至十八世纪的几乎所有君王以及牛顿和达尔文等伟人，这里也是英国诸多文豪的墓地。

文豪们的长眠之地，是位于教堂中央南侧甬道、被称为"诗人角"的区域，《坎特伯雷故事集》的作者杰弗利·乔叟于1400年最先被埋葬在这里。此后，查尔斯·狄更斯、约瑟夫·鲁德亚德·吉卜林等文豪，作曲家韩德尔以及演员劳伦斯·奥利弗也被葬在这里。

另外，即便像莎士比亚以及勃朗特姐妹那样葬于他处，这里仍会为他们设置纪念碑，因此诸多文豪的坟冢和雕像以及纪念碑便成排地排列在地板和墙壁以及彩绘玻璃上。托马斯·哈代于1928年去世之前，希望和先于自己死去的第一任妻子埃玛葬在一起。家人对此也已表示同意，然而外界有关将其葬在威斯敏斯特教堂的呼声却日渐高涨，于是这位小说家的心脏便与埃玛同葬，其余骨灰则被葬在举行葬礼的教堂诗人角。

第三部分
# 法国的文豪

雨果在欧特维尔寓所豪华的红色客厅里招待来客

## 在逃亡之地完成的大作《悲惨世界》
# 维克多·雨果之家

🇫🇷 **VICTOR HUGO 1802—1885**

从年轻时便开始创作，二十岁时发表的处女诗集《颂歌集》得到当时的国王路易十八的认可。其后，雨果作为对抗古典文学的新浪漫主义的代表人物日渐活跃，其代表作有剧本《欧那尼》、小说《巴黎圣母院》和《悲惨世界》等。

1612年建造的、位于巴黎玛黑区的孚日广场（旧称皇家广场），其周围是成排的红砖建筑，雨果和妻子在其中的"罗汉·格梅尼酒店"二层共同生活了十六年。他们是1832年迁居到这里来的，雨果在此前一年发表了《巴黎圣母院》，身为作家已经获得了成功。另一方面，雨果与妻子的关系并不是很亲密，从1833年开始，他与此后持续了五十年情人关系的女演员朱丽叶·德鲁埃不断约会并感情日深。曾在这座宅邸里生活的女儿和女婿于1843年因事故死亡后，雨果二十年间远离了出版界，只是在1845年着手写作《悲惨世界》。曾经中断的这部作品最终完成之际，雨果已身在异国。尽管他是法兰西第二共和国的议员，却与发动政变的拿破仑三世对立，并于1851年开始逃亡。

雨果一家经由布鲁塞尔，在英国治下的海峡群岛中的泽西岛落下脚来，继而于1855年定居于邻近的根西岛上的"欧特维尔寓所"（亦译为"高城居"）。也曾是收藏家的雨果亲自动手装修这座家宅，在能够眺望大海的房间里专注于创作，终于在1862年完成了《悲惨世界》。他在根西岛上的生活长达十五年，总算可以归国之时，已是拿破仑三世失势的1870年了。

在雨果八十三岁去世时，法国举行了国葬，将其葬于诸多伟人的长眠之所——潘提翁神殿。孚日广场的宅邸现为雨果纪念馆，根西岛以及最终住处埃洛大街居所内的家具也都被运到这里，雨果在各地的生活景况得以再现。

可以眺望大海的、方便远眺的最高层是他的执笔之所

雨果亲手装修宅邸,将他本人收集的装饰品和家具布满各个房间

餐厅的墙面饰以漂亮的瓷砖,天花板则以织锦装饰

雨果居处所在的孚日广场。当年的居所现已成为博物馆,雨果回国后的书房等得以再现

## 统一设计的建筑物围拥着广场

　　雨果的肖像曾被印于五法郎的纸币上,孚日广场是其背景。孚日广场是法王亨利四世在大规模重建巴黎时,将其作为皇室广场而建造,在国王去世后方才建成的。

　　围拥广场的建筑物外观整齐划一,因为亨利四世命令沿袭业已完成的广场南部建筑物设计。这些建筑物成为名人和文化人汇聚的高级住宅地,十七世纪前半叶曾出任宰相的黎塞留也曾在此居住。黎塞留于1635年创立了法兰西学院,雨果入选这个由四十位院士组成的、历史悠久的团体,是在入住孚日广场后的1841年。

### 维克多·雨果的历程

| | |
|---|---|
| 1802 年 | 出生于法国东部的贝桑松,随家人辗转欧洲各地 |
| 1814 年 | 入巴黎的寄宿学校学习 |
| 1822 年 | 处女诗集《颂歌集》出版。与妻子阿黛尔·富歇结婚 |
| 1827 年 | 发表剧本《克伦威尔》,在其序文里否定古典主义,被视为浪漫主义宣言 |
| 1829 年 | 《东方诗集》和《死刑犯的最后一天》出版 |
| 1830 年 | 《欧那尼》上演 |
| 1831 年 | 《巴黎圣母院》出版 |
| 1832 年 | 迁居皇家广场(现为孚日广场)的宅邸 |
| 1833 年 | 与朱丽叶·德鲁埃邂逅相识,情人关系由此开始 |
| 1841 年 | 成为法兰西学院终身院士 |
| 1845 年 | 成为上院议员。着手写作《苦难》(后更名为《悲惨世界》) |
| 1851 年 | 因与拿破仑三世对立而被驱逐出境,前往布鲁塞尔 |
| 1852 年 | 《小拿破仑》出版。移居英国治下的泽西岛 |
| 1855 年 | 移居英国治下的根西岛 |
| 1862 年 | 《悲惨世界》出版 |
| 1870 年 | 返回法国 |
| 1885 年 | 去世。国葬之后被葬于潘提翁神殿 |

79

普鲁斯特曾生活过的公寓现仍存留于奥斯曼大街

遮蔽光亮和音响，专注于创作活动

# 马塞尔·普鲁斯特之家

🇫🇷 MARCEL PROUST 1871—1922

普鲁斯特从学生时代就出入艺术家汇聚的沙龙并开始发表作品。由七卷本构成的代表作《追忆似水年华》，被誉为二十世纪文学之源。从 1909 年开始写作这部以记忆和时间等为主题的巨作，直到在其死后的 1927 年，第七卷《重现的时光》才得以出版。

由总共七卷本构成的巨著《追忆似水年华》的故事，始于主人公暨叙述者将浸泡于红茶里的小玛德琳蛋糕放入口中，唤醒了童年时期的记忆。主人公童年时期前往度假的贡布雷，其实是以普鲁斯特儿时造访的乡村小镇伊利耶为原型。1971 年，因为《追忆似水年华》的影响力，该小镇将其地名更改为伊利耶-贡布雷，这里也是普鲁斯特父亲的出生地，一家人时常来这里度假。他们借宿的亲戚家，在作品里被描绘为莱奥妮姨妈家，此处目前已成为普鲁斯特纪念馆。

普鲁斯特于 1871 年出生在巴黎郊外，父亲是著名医生，母亲则是生于富裕之家的犹太人。他们从 1873 年至 1919 年的居所，无一例外地都在巴黎第八区之内。升入巴黎大学之后，普鲁斯特开始出入社交场合，培育了与一些名人之间的亲密友情。由于没有经济方面的后顾之忧，普鲁斯特毕业后并没有就业，而是发表短篇小说和翻译作品。他着手写作《追忆似水年华》是在 1907 年，当时父亲以及溺爱他的母亲都已经去世，他便迁居到奥斯曼大街配有家具的公寓里。为了在这间寓所内专注写作，他从外部遮断了光亮和声响。窗子被覆以厚重的窗帘，墙壁为了阻隔音响而被贴上了软木内衬。这样做，是因为他童年和少年时期身体虚弱、为哮喘病所苦，他还曾为对付尘埃伤透脑筋，据说就连清扫房间时也要倍加小心。他生活至 1919 年的这个房间，目前在巴黎的卡纳瓦雷博物馆连同其他遗物一同再现。

软木内衬的隔音卧室，在卡纳瓦雷博物馆得以再现

| 马塞尔·普鲁斯特的历程 | |
|---|---|
| 1871 年 | 出生于巴黎市郊的奥特伊小城 |
| 1878 年 | 在伊利耶度假 |
| 1881 年 | 哮喘发作，被父亲禁止住在伊利耶 |
| 1882 年 | 入巴黎贡多塞中学 |
| 1889 年 | 中学毕业会考及格。志愿服兵役 |
| 1890 年 | 在奥尔良服兵役结束，升入巴黎大学文理学院法学系 |
| 1896 年 | 《欢乐与时日》出版 |
| 1903 年 | 父亲去世 |
| 1905 年 | 母亲去世 |
| 1907 年 | 迁居奥斯曼大街 |
| 1913 年 | 《在斯万家这边》（《追忆似水年华》第一卷）由贝尔纳-格拉塞出版社出版 |
| 1919 年 | 迁居阿姆兰街。《在少女们的身边》和《什锦与杂记》由新法兰西评论社出版。《在少女们的身边》获龚古尔奖 |
| 1920 年 | 《盖尔芒特那边》第一卷出版 |
| 1921 年 | 《盖尔芒特那边》第二卷和《索多姆和戈摩尔》第一卷出版 |
| 1922 年 | 《索多姆和戈摩尔》第二卷出版。11 月 18 日去世，被葬于拉雪兹神父公墓 |
| 1925 年 | 《女囚》出版 |
| 1927 年 | 《女逃亡者》和《阿尔贝蒂娜不知去向》出版 |

五十八岁时迁居的米伊-拉-福雷宅邸的客厅里，装饰着由许多动物构成的艺术品

## 多彩诗人的最终居所
# 让·科克托之家
### 🇫🇷 JEAN COCTEAU 1889—1963

二十岁出版处女诗集后,在诗歌、小说、戏剧、评论,进而在绘画和电影等丰富多彩的领域发挥出才能,留下了很多先锋派作品。其本人希望被称为诗人,发表了《清唱》、《歌剧》和《安魂曲》等诸多诗集。小说方面,在因吸食鸦片中毒而疗养戒毒的短时期内完成的《可怕的孩子们》广为人知。

　　二十岁发表诗集之后,在诸多领域发挥其才能的科克托,长期在巴黎活动,自1940年起,便在蒙庞西埃大街的寓所里,与在其电影作品中担任主角的青年演员让·马莱同居。将近六十岁时,科克托将此处寓所当作其在巴黎的据点保留下来,同时购入在首都以南六约五十公里处的米伊-拉-福雷镇上的宅邸,并于1947年迁居到这里。他远离巴黎绚丽的社交界,在这个乡下小镇度过了十多年的岁月,直至去世。最初,让·马莱也一同生活在这里,可是郊外的生活对于马莱确实不便,不久后,科克托便和新伴侣爱德华·德米特在这里过起了日子。在这座宅邸近旁还有一座由科克托亲手装潢的圣布莱斯·德·新浦勒小教堂,他和后来成为其养子的德米特一同葬在了这里。

　　晚年的科克托还在靠近意大利边境、面向地中海的科特达祖尔留下了足迹。在闻名遐迩的高级别墅区费拉海角,有一座其支持者拥有的圣·索斯比别墅。1950年之后,科克托经常出入这座豪宅。他亲手安排这座建筑物的内部装修和外部装饰,还布置出他自己的画室,滨海自由城的圣·皮埃尔大教堂以及芒通市政府的婚礼大厅的壁画,等等,都是在这间画室里绘制出来的。在位于距费拉海角约二十五公里的芒通市还有一座美术馆,是科克托将曾是要塞的建筑物装修而成的要塞美术馆,这里因为有着历史悠久的街区而闻名遐迩。

　　2011年,以比利时籍美术收藏家捐赠的科克托作品为基础而建立的科克托美术馆也已经开馆。

坐落于米伊-拉-福雷的宅邸是其最终居所

### 让·科克托的历程

|  | |
|---|---|
| 1889年 | 出生于巴黎附近的迈松斯-拉菲特,是三个孩子中最小的 |
| 1898年 | 父亲乔治·科克托吞枪自杀 |
| 1900年 | 入贡多塞中学 |
| 1904年 | 受到开除学籍的处分,转而前往其他学校 |
| 1907年 | 未能通过中学毕业会考,断绝升学念头,专注于创作 |
| 1908年 | 在诗歌处女作朗诵会上朗诵诗作 |
| 1909年 | 处女诗集《阿拉丁神灯》出版 |
| 1917年 | 与萨蒂和毕加索等人联手的芭蕾舞剧《游行》首演 |
| 1923年 | 因亲近的作家去世而受到打击,长年间沉溺于吸食鸦片 |
| 1929年 | 十八天写出长篇小说《可怕的孩子们》,其后出版 |
| 1930年 | 电影《诗人之血》开始拍摄 |
| 1940年 | 借用蒙庞西埃大街的寓所 |
| 1946年 | 导演的电影《美誉与野兽》放映 |
| 1947年 | 购入米伊-拉-福雷镇的宅邸 |
| 1950年 | 在威尼斯国际电影节上,《奥尔菲》获得国际批评家奖。第一次访问圣·索斯比别墅 |
| 1955年 | 被选为法兰西学院院士 |
| 1963年 | 得知埃迪特·皮亚夫的死讯后,随即在米伊-拉-福雷去世 |

以远离故土的芒特·德塞岛为据点,尤瑟纳尔周游了世界

与伴侣共度的异国岛屿上的小家

## 玛格丽特·尤瑟纳尔之家

### 🇫🇷 MARGUERITE YOURCENAR 1903—1987

因 1951 年在法国出版的《哈德良回忆录》而声望高涨。代表作是其自传体小说三部曲《世界迷宫》(《虔诚的回忆》《北方档案》《何谓永恒》)和《苦炼》等作品。1980 年成为法兰西学院第一位女院士。其与父亲共同炮制出的笔名"尤瑟纳尔",是从本姓 Crayencour 中去掉一个 C 后重新以其姓氏字母组合而成的文字游戏。

1903 年出生于布鲁塞尔的尤瑟纳尔,其父是法国人米歇尔,为贵族后裔。她在法国北部的努瓦尔山的生身之家以及里尔一直生活至九岁,其后成长于巴黎、伦敦、芒通、蒙特卡洛等地。她从博学的父亲和家庭教师处学习了古典知识,不到二十岁就自费出版了两部作品。自幼年时期,于欧洲各地生活的同时,她还经常随同喜爱旅游的父亲四处旅行。1924 年访问哈德良别墅期间,构思了后来成为其代表作的长篇小说《哈德良回忆录》。父亲去世后,尤瑟纳尔身为作家展开活动的同时,还辗转于各地,为了逃避第二次世界大战的战火,于 1939 年去了美国。邀请尤瑟纳尔前往美国的,是她的同性伴侣、后来亲手翻译其作品的美国女性格雷斯·弗里克。

在自家"小皮亚琴察"房舍里闲适惬意的尤瑟纳尔

尤瑟纳尔度过童年时光的圣让卡佩勒现为博物馆,这里再现了其在美国的书房

最初,尤瑟纳尔只打算在美国住上几个月,却因为巴黎陷落而滞留下来,后于1947年获得美国的公民权。她与格雷斯居住于哈特福德,作为外聘讲师在大学讲授课程,因为看上了在此期间两人造访过的芒特·德塞岛,便于1950年在岛上买下了一座不大的房舍。辞去大学工作并移居到这座被命名为"小小喜悦"的房舍是在1951年。她在四十三岁时重新开始写作的《哈德良回忆录》这时已在母国出版,踏上久违的欧洲大地是在这一年之后,她用了大约半年时间,游历了亚洲、非洲和欧洲等各地。不过,其据点却仍然是芒特·德塞岛,关于这一点,即便在格雷斯去世后也没有任何变化。

| 玛格丽特·尤瑟纳尔的历程 | |
|---|---|
| 1903年 | 出生于布鲁塞尔,十天后母亲因产褥热而病逝。与父亲前往法国北部的卢瓦尔 |
| 1921年 | 自费出版《幻想的乐园》 |
| 1924年 | 在哈德良别墅期间开始构思《哈德良回忆录》 |
| 1929年 | 父亲米歇尔去世 |
| 1936年 | 《火》出版 |
| 1937年 | 与格雷斯·弗里克邂逅相识。得到弗吉尼亚·伍尔夫本人的许可,将《海浪》译为法文 |
| 1938年 | 《东方故事集》出版 |
| 1939年 | 前往美国 |
| 1940年 | 住在哈特福德,作为教师在学校里教授法语等外语 |
| 1942年 | 在莎拉·劳伦斯学院任外聘教师。初访芒特·德塞岛 |
| 1948年 | 收到战前存放于洛桑一家旅馆里的手稿,重新开始写作《哈德良回忆录》 |
| 1950年 | 买下芒特·德塞岛上的一处房舍 |
| 1951年 | 《哈德良回忆录》出版 |
| 1968年 | 《苦炼》出版 |
| 1979年 | 格雷斯去世 |
| 1980年 | 被选为法兰西学院院士 |
| 1987年 | 去世 |
| 1988年 | 《世界迷宫》第三部《何谓永恒》在未完结状态下出版 |

用稿费购置的位于诺弗勒堡的宅邸,这里有十四个房间,树木茂盛的庭院里还有水塘

与巴黎的居所同为其活动据点的第二座寓所
# 玛格丽特·杜拉斯之家
 MARGUERITE DURAS 1914—1996

发表处女作《无耻之徒》以后,便以作家、电影导演、电影剧本作家的身份进行活动。在法国殖民地越南度过童年和少女时代,反映这段生活经历的《情人》广为人知。第二次世界大战期间曾参加民族抵抗运动,后来成为法国总统的密特朗当年也曾造访杜拉斯夫妇在巴黎的公寓。

对诺弗勒堡的古老房舍进行改建后,餐厅就变身为事务所了

玛格丽特·杜拉斯出生于法国殖民地越南西贡(现为越南胡志明市),其父母都是法国人。杜拉斯七岁那年,时为学校校长的父亲在法国的故乡病故。母亲携着杜拉斯和她的两个哥哥回到父亲的故乡,在那里生活了两年。那个村子叫作"杜拉斯",这也是她笔名的由来。

其后,一家人回到殖民地越南,母亲在学校教书的同时也教育着自己的孩子们,只是无法居住于父亲在世时那样的豪宅里了。杜拉斯十五岁前后的几年间生活在沙沥,母亲在这里出任小学校长,杜拉斯求学的学校和《情人》中男主角原型的那位青年的居所都还存留在这里。

1931 年,杜拉斯回到法国,在巴黎大学攻读法律和政治学,后于 1939 年与丈夫结婚,翌年迁居到其后住了四十余年的巴黎圣伯努瓦街 5 号的那栋公寓里。1950 年,她发表了描绘印度殖民时期的半自传体长篇小说《太平洋防波堤》等作品,作为作家逐渐为人所知,并在巴黎以外也购置了居所。其中一处居所,是 1958 年购入的古旧大屋,在巴黎以西约四十公里处一个叫作诺弗勒堡的村子里。这处居所还曾是其导演的电影《娜妲莉·葛兰吉》的拍摄场地。她买下的另一处居所,是位于海边小镇特鲁维尔的"黑岩"公寓。由黑岩旅馆改建而成的这座居所是杜拉斯于 1963 年购入的,她每年都要在黑岩寓所度过夏季,曾在这里写出《情人》等作品。

杜拉斯留在越南的恋人李云泰的家宅

**玛格丽特·杜拉斯的历程**

- 1914 年　出生于法国殖民地越南西贡近郊
- 1921 年　父亲病逝于法国
- 1924 年　生活在湄公河流域的永隆、沙沥
- 1931 年　为升入大学而回到法国
- 1939 年　与罗贝尔·昂泰尔姆结婚
- 1940 年　迁居圣伯努瓦街 5 号的公寓
- 1943 年　《无耻之徒》出版。参加后来成为法国总统的密特朗领导的民族抵抗运动
- 1946 年　与昂泰尔姆离婚
- 1947 年　产下其与蒂奥尼斯·马斯科洛的儿子让·马斯科洛
- 1950 年　《太平洋防波堤》出版
- 1957 年　《太平洋防波堤》被拍成电影
- 1958 年　购置位于诺弗勒堡的宅邸
- 1959 年　撰写以广岛为背景的《广岛之恋》电影剧本
- 1963 年　购置黑岩公寓一个大套间
- 1966 年　第一次导演的电影《音乐》上演
- 1984 年　《情人》出版,获龚古尔奖
- 1996 年　执笔写作《一切结束》后,3 月在巴黎去世

专栏：文豪钟爱的咖啡馆

# 巴黎的咖啡馆

## 成为文学辐射之所的咖啡馆熙熙攘攘

咖啡馆的主场在法国，咖啡馆与文学的渊源也很深厚。咖啡传播到这个国家，是在十七世纪中叶，随之诞生的咖啡馆数量便快速增加，作为贵族和艺术家们的社交场所开始兴盛起来。其先驱般的存在，是现存最为古老的、名为"咖啡馆·普罗可布"的咖啡馆。这家咖啡馆于 1686 年在圣·日耳曼大街（现为圣日耳曼德佩大街）开业，三年后迁至紧邻的法兰西喜剧院并做了豪华装修，成为大受艺术家们欢迎的场所，及至十八世纪，开始兼有文学沙龙的功能，据说卢梭以及孟德斯鸠等人常在这里活动。

法国大革命之后，咖啡馆开始大众化，拥有时髦咖啡馆的场所也随着时代大流而不断变化。二十世纪前半叶，作为文豪汇聚的咖啡馆而驰名的，是六区的圣·日耳曼街区的两家咖啡馆——"双叟咖啡馆"（见下图）和"花神咖啡馆"。这两家咖啡馆在同一条街上毗邻相连，其中"花神咖啡馆"是诗人阿波利内尔所编杂志的编辑部所在地，也是萨特和波伏娃所喜爱的活动据点。

萨特和波伏娃还是"双叟咖啡馆"的顾客，加缪和海明威等人也时常光顾这家咖啡馆。这家店名缘起于两尊陶制的中国小老头雕像，也因其主办的双叟文学奖而广为人知。

第四部分
# 德国的文豪

位于法兰克福的歌德的生身之家，十六世纪末建造

专注于创作和政务的地方——魏玛

# 歌德之家

 **JOHANN WOLFGANG VON GOETHE 1749—1832**

代表德国文学史的诗人、小说家。因二十五岁时发表的《少年维特之烦恼》、直至去世前一年仍在写作的鸿篇巨著《浮士德》和由舒伯特等人谱曲的《魔王》等作品而广为人知。曾出任萨克森－魏玛－爱森纳赫公国的宰相。作为自然科学家，则发表了《色彩论》等著作。

十八世纪流行的中国风格题材仍留存于壁纸等物品上

歌德出生于美因河畔的法兰克福,在大学攻读法学专业之后成为律师,然而让他为之专注的却不是本业,而是创作活动。时为帝国最高法院实习生,他从出差所在地威茨拉尔市回到故乡,发表了反映其在当地的失恋体验的书信体小说《少年维特之烦恼》,使得自己作为作家崭露头角。

1775年,他被聘至萨克森-魏玛-爱森纳赫公国的首都魏玛。迎请二十六岁的歌德为政务负责人的人物,是年纪轻轻便继承了公国的十八岁的卡尔·奥古斯都公爵。第二年,歌德出任公国的阁僚,移居至现在被称为花园别墅的宅邸里。屹立在伊尔姆河畔、被自然围拥着的这处宅邸尽管并不很大,但歌德在搬离之后,仍然经常回来看望这座花园别墅。他的下一处居所位于弗劳恩普朗中心,是十八世纪初建造的豪宅。歌德在这里度过了从1782年至1832年去世前的整整五十年岁月。

他埋头于政务,1782年担任了宰相之职,四年后休假旅居意大利,将主要精力用于创作活动。他同另一位与之齐名的德国古典主义代表人物席勒的交往也是令人动容。歌德精力旺盛地长期坚持写作,完成长篇诗剧《浮士德》第二部,是在他去世的前一年。

晚年间,歌德以口述笔记的形式进行创作,在那之前,他是站在立式书桌前写作的,这种书桌目前还存留在他生活过的各处居所里。

《少年维特之烦恼》等初期作品就诞生于四楼的这个房间里

魏玛·弗劳恩普朗的宅邸内部。墙壁颜色因房间而异,据说因歌德的色彩论,书房被装饰为养眼的绿色

## 歌德和席勒之间的友情萌生之地——耶纳

　　歌德经常前往距魏玛不远处的小城耶纳。这里因是大学城而比较繁荣,作为宰相,歌德对这里提供了支援,在其统筹安排之下,新的植物园也得以建立起来。与耶纳有着深厚因缘的人物,还有和歌德同时代且比较活跃的席勒。1789年,因着歌德的推荐,席勒被耶纳大学聘为教授并居住在这个小城里。

　　两人间的友情最初并非如此深厚,不过在1794年于耶纳召开的植物学会上再会之际,他们便开始意气相投了。从此直至其后迁居魏玛的席勒于1805年去世,两人一直相互激励。如今,这两位文豪安葬在魏玛的墓园里比邻而居。

曾在耶纳大学建立植物园的歌德,在自家花园别墅的庭院里也种植了各种植物

这架钢琴不仅歌德弹奏过，克拉拉·舒曼、门德尔松也曾弹奏过

歌德最初租借了这座豪宅，奥古斯都公爵于1792年将其买下并赠予歌德，歌德又根据自己的喜好做了改建

### 歌德的历程

| | |
|---|---|
| 1749 年 | 出生于法兰克福 |
| 1771 年 | 大学毕业后回到故乡，开始当律师 |
| 1772 年 | 在威茨拉尔的最高法院当实习生 |
| 1774 年 | 《少年维特之烦恼》出版 |
| 1782 年 | 迁居弗劳恩普朗的宅邸，为歌剧《魔王》作词 |
| 1786 年 | 旅居意大利大约两年 |
| 1794 年 | 耶拿的国之植物园完工，开始与席勒通信往来书信 |
| 1796 年 | 《威廉·迈斯特的学习年代》完稿 |
| 1797 年 | 《赫尔曼与窦绿苔》出版 |
| 1806 年 | 《浮士德》第一部完稿 |
| 1808 年 | 会见拿破仑 |
| 1809 年 | 《色彩论》出版 |
| 1821 年 | 《威廉·迈斯特的学习年代》出版 |
| 1831 年 | 《浮士德》第二部完稿 |
| 1832 年 | 在魏玛去世 |

托马斯·曼返回欧洲后，在去世前一年迁入苏黎世湖畔的基尔希贝格寓所

以故乡为舞台，描绘市民生活与艺术的关系
# 托马斯·曼之家
 **THOMAS MANN 1875—1955**

获得诺贝尔文学奖的德国小说家。在《布登勃洛克一家》、《托尼阿·克略格尔》和《死于威尼斯》这些初期作品中，描绘了市民生活与艺术的相克。逃亡之后，从1938年开始在美国生活，发表了《绿蒂在魏玛》和《浮士德博士》等作品。其兄亨利希·曼也是小说家。

托马斯·曼出身于商业都市吕贝克城富裕的商人家庭，因与其兄亨利希·曼同为作家而广为人知。他以故乡为舞台写出诸多作品，其中以自己家族为原型、于1901年出版的《布登勃洛克一家》作为其代表作而驰名海内外。

"布登勃洛克之家"现为展出曼兄弟作品资料的博物馆。这座寓所最初由其祖父购入，那是在获得公民权的曾祖父始创曼商会大约半个世纪之后的1842年。在富裕商人汇聚的地区，能够买下紧邻教堂的这座宅邸，显示出曼家族的兴盛景况。

托马斯·曼诞生之时，祖母也生活在这个家庭里，在市政府担任要职的父亲，居住在房屋的前面。这里也是托马斯·曼生活至六岁的家宅，

苏黎世大学有一座托马斯·曼博物馆，基尔希贝格寓所内的书房在这里得以重现

基尔希贝格寓所内的书房，现于苏黎世大学的托马斯·曼博物馆内展出

"布登勃洛克之家"也是曼家族繁荣的象征

只是目前已不复存在。父亲去世后，曼商会随之解体，托马斯·曼没有经商，而是选择了作家之路。他的作品描绘了市民生活与艺术之间的关系，这与他的成长历程不无关系。

托马斯·曼于1929年获得诺贝尔文学奖，其后由于反对纳粹政权而逃亡海外。他于1939年移居美国，在批判纳粹的同时继续自己的创作活动。为了获得美国国籍，他还在加利福尼亚州修建了家宅，后于七十七岁时的1952年移居瑞士。1954年，托马斯·曼迁入苏黎世湖畔的基尔希贝格，翌年便与世长辞。

| 托马斯·曼的历程 | |
|---|---|
| 1875年 | 出生于吕贝克 |
| 1889年 | 入凯特琳文法学校，开始发表诗作 |
| 1891年 | 父亲去世，曼商会随之解体 |
| 1893年 | 诗作刊载于《社会》杂志 |
| 1894年 | 迁居母亲等亲人所在的慕尼黑。发表处女作短篇小说《堕落的女人》 |
| 1901年 | 《布登勃洛克一家》出版 |
| 1903年 | 《托尼阿·克略格尔》出版 |
| 1912年 | 《死于威尼斯》出版 |
| 1924年 | 《魔山》出版 |
| 1929年 | 获得诺贝尔文学奖 |
| 1933年 | 逃亡瑞士 |
| 1936年 | 被剥夺德国国籍和其在德国的财产 |
| 1938年 | 迁居美国 |
| 1939年 | 《绿蒂在魏玛》出版 |
| 1940年 | 开始在BBC定期广播反纳粹节目 |
| 1941年 | 在太平洋·帕里萨德(Pacific Palisades)修建宅邸 |
| 1944年 | 获得美国国籍 |
| 1952年 | 迁居瑞士 |
| 1954年 | 迁入苏黎世湖畔的基尔希贝格，翌年与世长辞 |

蒙塔纽拉的卡萨卡木齐。黑塞在这座外观独特的建筑物里租了三个房间

在可眺望明媚湖景之处度过其后半生

# 赫尔曼·黑塞之家

🇩🇪 **HERMANN HESSE 1877—1962**

二十世纪前半叶代表德国的诗人、小说家。在前后两次世界大战中始终秉持反战立场。曾发表青春小说《在轮下》、描写精神世界的《德米安》、以现代社会的局外人为主角的《荒原狼》和乌托邦小说《玻璃球游戏》等绚丽多彩的作品，于1946年获得诺贝尔文学奖。

在以大学城而闻名的图宾根和曾度过童年时光的巴塞尔城的书店里当售货员的同时，黑塞开始踏上职业作家之路。不久后，他因写出《乡愁》和《在轮下》而获得成功，继而于第一次世界大战爆发之际，在报纸的评论文章里表明了自己的和平主义立场，并因此招致巨大打压，加之妻子的精神病等疾患恶化，黑塞本人也开始神经衰弱并患上抑郁症。1919年，黑塞以匿名形式出版了《德米安》之后，文风发生了很大变化，由此开始探索内心世界。

这一年，为了探究新的天地，黑塞离开妻子和三个孩子，移居瑞士南部塔辛地区的蒙塔纽拉。这里靠近卢加诺湖，植被丰茂、土地肥沃，他的居所是模仿巴洛克风格建造的外观古怪的"卡萨卡木齐"。后来为

博物馆内展示着黑塞爱用的打字机等物品

位于卡萨卡木齐建筑内的托雷卡木齐现已成为黑塞博物馆

从受惠于温暖气候和丰沃自然的蒙塔纽拉放眼望去，卢加诺湖尽收眼底

嬉皮士带来影响的《荒原狼》，就是在这里写出并于1927年其五十岁诞辰之日出版的。在来这里之前不久，他开始了水彩画的创作，而景色美丽的塔辛地区，则成为他绝好的绘画题材。

1931年，黑塞与第三任妻子妮侬·多宾结婚，迁居至同在蒙塔纽拉的新居。这座新居是身为资本家的汉斯·C.波德玛为黑塞建造的，因其外观的红色被称为'红色宅邸'。自幼便辗转于德国和瑞士各地的黑塞，去世前的三十多年间，都是在这个居所与妮侬·多宾一同度过的。

### 赫尔曼·黑塞的历程

| | |
|---|---|
| 1877年 | 出生于卡夫卡小城，是牧师父亲的第二个孩子 |
| 1899年 | 诗集《浪漫主义之歌》出版。在瑞士巴塞尔城的书店当售货员 |
| 1904年 | 《乡愁》出版。与玛丽亚·贝诺利结婚。迁居盖恩霍芬 |
| 1906年 | 《在轮下》出版 |
| 1907年 | 在盖恩霍芬的艾尔棱建造家宅 |
| 1910年 | 《盖特露德》出版 |
| 1912年 | 迁居瑞士伯尔尼 |
| 1914年 | 第一次世界大战爆发 |
| 1919年 | 以匿名形式出版《德米安》。迁居蒙塔纽拉 |
| 1927年 | 《荒原狼》出版 |
| 1931年 | 与第三任妻子妮侬·多宾结婚，迁居"红色宅邸" |
| 1939年 | 被纳粹政权所厌恶，禁止再版其作品 |
| 1943年 | 《玻璃球游戏》出版 |
| 1946年 | 获得诺贝尔文学奖 |
| 1962年 | 在蒙塔纽拉去世 |

专栏：文豪钟爱的城镇
# 魏玛
小小城镇却是德国文化的中心

在德国中部的小城魏玛，相互握手的歌德和席勒的雕像屹立在其中心部位——魏玛国家歌剧院前面的广场上。1918年，德意志帝国崩溃的第二年，在这座剧院召开的国民议会制定了魏玛宪法，由此开始了持续至1933年的魏玛共和国时期。国家歌剧院的建筑物是第二次世界大战之后重建的，不过在这座小城里，传承了两个时期（魏玛共和国时期以及歌德和席勒所活跃的时期）文化的建筑物却存留下来，分别被列入世界文化遗产名录。前者是与"包豪斯"（给现代主义建筑带来巨大影响的学校）有关联的建筑，后者则是传承了与"古典主义之都魏玛"从十八世纪后半叶至十九世纪初的文化相关的建筑物和公园。

被列入名录的对象共有十二项，包括歌德的两处宅邸、席勒的宅邸、被歌德聘来的哲学家赫尔德用以监督教区的大教堂等，其中心是那些与文化人士相关的建筑物。当时人口只有六千人的小城魏玛，能成为德国文化中心，要归功于卡尔·奥古斯都公爵的支持。在这位君主幼儿时期便开始摄政的母亲安娜·阿玛利亚也是理解艺术的人物，她所建设的德国最初的公共图书馆也被列入世界文化遗产名录。另外，于1774年在火灾中基本烧毁、在歌德指挥下于1803年重建的魏玛王宫，也包含在世界文化遗产名录之中。

第五部分
# 俄罗斯的文豪

在屠格涅夫的幼儿时期，斯帕斯科耶村的宅邸非常壮美，可惜因 1939 年的火灾而失去了当年的雄姿

## 孕育了《猎人笔记》的儿时体验
# 伊凡·屠格涅夫之家

 **IVAN TURGENEV 1818—1883**

与陀思妥耶夫斯基和托尔斯泰共同形成俄罗斯文学黄金时代的人物。由于长时间在德国和法国等外国生活，其作品即便在西欧也大受欢迎，为向国外介绍俄罗斯文学做出了贡献。《初恋》《父与子》等代表作广为人知。

屠格涅夫因迷恋并追随女歌唱家波丽娜·加尔西娅·维亚尔多夫人，而将其大半生涯留在了国外。他在俄罗斯西部的奥廖尔州斯帕斯科耶村度过了童年时光，在那之前，母亲从叔父那里继承了作为领地的大片土地，母亲拥有大约五千个农奴，因其对待农奴比较残酷，导致屠格涅夫对农奴制产生了厌恶感。

1847 年，屠格涅夫紧追维亚尔多夫人到了巴黎，在《现代人》杂志上发表了以故乡为背景的短篇小说。以"因猎人笔记而发生的故事"为副标题的这部作品发表后受到好评，其后便以《猎人笔记》为题统合起一连串的作品，接连不断地连载至 1851 年。这些作品在描绘故乡周边瑰丽景色的同时，使得农民们所置身的残酷环境也浮现出来，不啻为

在斯帕斯科耶村周围，遍布着白桦树，树丛中的荫凉道向远方延伸

屠格涅夫的宅邸范围内还有博物馆，展出他在巴黎使用过的家具等物品

批判农奴制的作品。屠格涅夫于 1850 年返回俄国，母亲在这一年去世，他便继承了斯帕斯科耶庄园的财产，并改善了农奴们的待遇。

另一方面，屠格涅夫也因自己的一系列作品而触怒了当局，于 1852 年发表致果戈里的悼文之际遭到逮捕，在狱中监禁一个月之后，被判处在斯帕斯科耶软禁一年半。不过在他遭逮捕后出版的《猎人笔记》却引起关注，成为他的成名之作，导致 少皇于 1861 年颁布废除农奴制的宣言。斯帕斯科耶的宅邸分别于 1839 年和 1906 年遭到火灾而焚毁，现有建筑是为纪念他的一百五十周年诞辰而复原重建 并为此征集了与之相应的遗物，其书房也得以重现。

### 伊凡·屠格涅的历程

|  |  |
|---|---|
| 1818 年 | 出生于奥廖尔州，在斯帕斯科耶村长大成人 |
| 1827 年 | 迁居莫斯科 |
| 1834 年 | 转入彼得堡大学哲学系。父亲去世 |
| 1838 年 | 发表诗歌《黄昏》 |
| 1840 年 | 旅居意大利，其后于柏林大学求学 |
| 1841 年 | 迁居莫斯科 |
| 1842 年 | 与女奴产下女儿 |
| 1843 年 | 与维亚尔多夫人邂逅 |
| 1847 年 | 旅居法国和德国（至 1850 年） |
| 1850 年 | 母亲去世。继承斯帕斯科耶庄园的领地 |
| 1852 年 | 发表致果戈里的悼文并遭逮捕，被软禁在斯帕斯科耶。《猎人笔记》出版 |
| 1856 年 | 《罗亭》出版 |
| 1860 年 | 《初恋》出版 |
| 1862 年 | 《父与子》出版 |
| 1863 年 | 前往德国巴登－巴登，翌年修建居所 |
| 1871 年 | 迁居巴黎 |
| 1883 年 | 去世 |

在彼得堡曾多次移居的陀思妥耶夫斯基最后的居所。他的生活之所大多像这座建筑物一样位于街道的拐角处

在多次居住的圣彼得堡的岁月里
# 陀思妥耶夫斯基之家
## FYODOR DOSTOYEVSKY 1821—1881

代表十九世纪俄罗斯的作家之一,也是可称为俄罗斯第一位职业作家的人物,创作生涯始于处女作《穷人》,其后发表闻名遐迩的代表作《罪与罚》、《白痴》和《少年》等小说。其作品中的三分之二以其长年客居的据点圣彼得堡为舞台。四部曲的《卡拉马佐夫兄弟》是其最后一部长篇小说。

陀思妥耶夫斯基出生于其父担任医师的莫斯科郊外的玛利亚济贫医院。成长于莫斯科的陀思妥耶夫斯基为准备报考工程兵学校,曾在圣彼得堡的寄宿学校就读。其后,他在这座城市生活了大约二十八年,其大多数作品以圣彼得堡为故事背景而写出。由于行为放浪和奢侈浪费,他多次更换居所,仅在圣彼得堡一地,他住过的居所就多达二十处。

他曾两度长期离开这座城市,第一次是始于1849年的十年期间,当时被处以流放西伯利亚的刑罚,刑满后又被要求服了兵役。第二次则是为了躲避债务而于1867年4月前往欧洲流浪了四年。临行前,他与第二任妻子安娜结了婚。两人是在陀思妥耶夫斯基生活至1857年1月的公寓里邂逅的。在此前一年的10月,陀思妥耶夫斯基为《赌徒》的截稿期所苦,这时被派来帮助他的速记员便是安娜。当时他的另一部作品也在连载,那就是以圣彼得堡为故事背景的名作《罪与罚》。

以这座公寓为代表,他曾生活过的居所中有很多留存至今,其最后一座居所目前已改为博物馆。这座居所由六个房间组成,直至1878年去世前的时光,他都是在这里度过的,并在此处创作了《卡拉马佐夫兄弟》。

最后的寓所已成为博物馆。在书房内放置着两根烛台的这张书桌上,陀思妥耶夫斯基写出了《卡拉马佐夫兄弟》等作品

### 陀思妥耶夫斯基的历程

| | |
|---|---|
| 1821年 | 出生于莫斯科。是八个孩子中的第二个(二儿子) |
| 1837年 | 与哥哥同往彼得堡并进入当地的寄宿学校 |
| 1846年 | 《穷人》和《双重人格》出版 |
| 1849年 | 因受彼得堡拉舍夫斯基事件株连而被判处死刑。在行刑场被特赦后,改判为流放西伯利亚 |
| 1854年 | 刑满后,在塞米巴拉金斯克的国境警备部队服兵役 |
| 1857年 | 与第一任妻子玛利亚结婚。其作为贵族的权利得以恢复 |
| 1859年 | 《舅舅的梦》出版 |
| 1860年 | 回到彼得堡 |
| 1861年 | 《时代》杂志创刊、《被侮辱与被损害》出版 |
| 1862年 | 发表《死屋手记》 |
| 1864年 | 妻子玛利亚去世。《死屋手记》出版 |
| 1866年 | 日后成为其第二任妻子的速记员安娜来访。《罪与罚》和《赌徒》出版 |
| 1867年 | 与安娜结婚 |
| 1868年 | 《白痴》出版 |
| 1872年 | 《群魔》出版 |
| 1875年 | 《少年》出版 |
| 1880年 | 《卡拉马佐夫兄弟》出版 |
| 1881年 | 去世 |

托尔斯泰出生于这座巨大的庄园之中,他在克里米亚时代卖出此地,并居住在这座易地移建、后来成为博物馆的建筑物里

在继承的故乡领地上,即便作为地主和教育者也很活跃

# 列夫·托尔斯泰之家

 **LEV TOLSTOY 1828—1910**

代表十九世纪俄罗斯的小说家、思想家。与活跃于同时期的屠格涅夫一样,既是地主,也是写出《战争与和平》和《安娜·卡列尼娜》这些流传至今的文艺作品的作家,是还留下初等教育教科书的教育工作者。晚年提倡非暴力,其思想还曾影响了甘地。

列夫·托尔斯泰生长于斯并写出《战争与和平》以及《安娜·卡列尼娜》的家舍,位于莫斯科以南图拉郊外的亚斯纳亚·波良纳庄园。他在这里度过了一生中的大半时光,即便作为地主也很活跃。

托尔斯泰早早便失去双亲,在监护人所在的喀山度过了十五岁前后的那几年时光,十九岁时继承了亚斯纳亚·波良纳的领地及三百农奴。作为年轻的地主,他为改善农民的生活而进行改革,却并未获得农民们的理解,改革很快便失败了。为了过上自暴自弃的生活,他到高加索加入军队,在当地曾参加过战斗。其在文坛上的亮相也是在那一时期,借助自传体处女作《童年》而成为受关注的作家。

克里米亚战争之后,托尔斯泰回到故乡,写作之余再度尝试改善农

与家人一同过冬的莫斯科居所内的书房。视力衰退的托尔斯泰为了看清文稿,便将椅子腿锯得很短

托尔斯泰用很小的字体撰写文稿,再由妻子索菲亚予以誊写

民待遇,还在自己的地域内创建了学校。根据尊重自由这个独立方针创办的学校,数年后便关闭了,不过托尔斯泰其后仍然出版了《初等教科书》以及教育论的书籍,为教育界做出了自己的贡献。

1862年,三十四岁的托尔斯泰与十八岁的索菲亚结婚。进入晚年后,他与妻子并不和睦,离家出走后于途中离开人世。包括夭折了的几个孩子在内,他们夫妇俩共计生育了九个儿子和四个女儿。托尔斯泰一家在自然怡人的亚斯纳亚·波良纳度夏,冬季则以莫斯科为据点。在莫斯科,他们从1882年至1901年曾生活过的木造宅邸依然留存,与故乡的居所一样成了博物馆。

### 列夫·托尔斯泰的历程

| | |
|---|---|
| 1828年 | 出生于亚斯纳亚·波良纳庄园,是伯爵家的第四个儿子 |
| 1837年 | 迁居莫斯科 |
| 1844年 | 考入喀山大学 |
| 1847年 | 继承亚斯纳亚·波良纳庄园。退学后返回故乡。农事改革失败 |
| 1850年 | 开始创作活动 |
| 1851年 | 在高加索从军 |
| 1852年 | 在《现代人》杂志上发表《童年》 |
| 1853年 | 克里米亚战争爆发 |
| 1854年 | 发表《少年》 |
| 1855年 | 发表《塞瓦斯托波尔故事集》 |
| 1856年 | 旅居圣彼得堡,年末离开军队 |
| 1857年 | 发表《青年》 |
| 1859年 | 在亚斯纳亚·波良纳庄园创办学校 |
| 1862年 | 与索菲亚结婚 |
| 1869年 | 《战争与和平》出版 |
| 1872年 | 《初等教科书》出版 |
| 1878年 | 发表《安娜·卡列尼娜》 |
| 1885年 | 《傻瓜伊凡的故事》出版 |
| 1898年 | 发表《何谓艺术》 |
| 1899年 | 发表《复活》 |
| 1910年 | 离家出走后,于途中病倒并去世 |

契诃夫与妻子、母亲和妹妹共同生活在雅尔塔被称为"白色别墅"的宅邸里。窗子的形状各不相同也是其特征之一

虽然遭遇病魔侵害,仍接连不断写出名作

# 安东尼·契诃夫之家

 ANTON CHEKHOV 1860—1904

代表俄罗斯的剧作家和小说家。在幽默杂志崭露头角之后,开始认真对待创作,在从事医师工作的同时持续写作,《海鸥》、《万尼亚舅舅》、《三姊妹》和《樱桃园》作为他的四大剧本而广为人知,初次演出失败了的《海鸥》在莫斯科艺术剧院再度演出时获得好评,其他三部戏剧作品也都在莫斯科艺术剧院成功上演。

契诃夫出生于海滨城市塔甘罗格一个经营杂货铺的家庭里,无论作为医师还是作家都很活跃。他最初开始创作活动,是在其获得奖学金并在莫斯科大学医学系求学期间,使用笔名在通俗报刊上接连发表短篇小说以及幽默小故事。契诃夫十六岁时,其父破产,这时的创作活动也是为了维持家庭生计。不久后,他用笔名取代真名,开始认真对待创作。第一次在作品上使用真名契诃夫,是在他成为医师三年之后的 1886 年。

在从事医师工作的同时也巩固了作家地位的 1890 年,契诃夫前往萨哈林岛作调查之旅,采访了在那里流放的犯人们,收获了自己的果实——报告文学《萨哈林岛》。1892 年,他在莫斯科近郊梅里霍沃村购买土地,建造了自己的宅邸和诊所。在这里,他作为医师与饥馑和霍乱做斗争,同

站在"白色别墅"书房里的契诃夫

契诃夫从1886年至1890年曾生活于莫斯科的居所目前仍然存

时还从事人道主义活动。当然,其创作活动仍然继续,他在这里完成了《海鸥》和《万尼亚舅舅》等剧本,同时其肺结核病也在缓缓侵蚀着他的身体。

1899年,为了疗养病体,他迁居濒临黑海的克里米亚半岛南端的雅尔塔。这里的气候温暖宜人,契诃夫宅邸的庭园里,经由爱好园艺的契诃夫之手种植了一百余种植物。1901年,他与莫斯科艺术剧院女演员奥尔加·克尼碧尔结婚,并留下其代表作《三姊妹》和《樱桃园》,却由于病情恶化,1904年在易地疗养之所——德国南方的巴登维勒的一家旅馆里与世长辞。

| 安东尼·契诃夫的历程 | |
|---|---|
| 1860年 | 出生于塔甘罗格 |
| 1879年 | 考入莫斯科大学医学系 |
| 1880年 | 发表《致有学问的邻居的信》 |
| 1884年 | 发表《变色龙》。大学毕业 |
| 1886年 | 收到来自作家格里戈罗维奇表示赞赏的信函,开始认真对待创作 |
| 1887年 | 发表《在昏暗中》和剧本《伊万诺夫》 |
| 1888年 | 发表《困倦》和《灯火》 |
| 1890年 | 前往萨哈林岛旅行,调查流放囚犯们的真实状态 |
| 1892年 | 迁居梅里霍沃 |
| 1895年 | 《萨哈林岛》出版 |
| 1896年 | 发表《带阁楼的房子》和剧本《海鸥》 |
| 1897年 | 发表剧本《万尼亚舅舅》 |
| 1898年 | 为疗养病体而在雅尔塔建造宅邸,翌年迁居于此 |
| 1901年 | 《三姊妹》第一次演出。与莫斯科艺术剧院女演员奥尔加·克尼碧尔结婚 |
| 1903年 | 发表剧本《樱桃园》 |
| 1904年 | 在疗养地德国去世 |

结束长年旅居意大利的生活后，高尔基置下这座
白色墙壁的豪华宅邸和位于郊外的别墅

期盼提高母国文化水准之际却迎来死亡

# 马克西姆·高尔基之家

 **MAXIM GORKY 1868—1936**

被视为社会主义现实主义文学鼻祖的作家。经历过贫困的少年时代，曾写出诸多描绘生存于社会底层民众的作品，以小客栈为背景的剧本《底层》以及在逃亡途中执笔的无产阶级文学作品《母亲》等为其代表作。

作家马克西姆·高尔基晚年曾生活的莫斯科居所，是新艺术派建筑的豪华宅邸，只是在摸索着抵达那里之前，需要经过一条险恶且漫长的道路。

幼儿时期，高尔基就失去了父亲，在经营印染厂的外祖父家被抚养成人。然而，外祖父很快又破产倒闭，于是高尔基只上了两年学。十一岁的时候，他去鞋店当学徒，其后在船上洗刷盘子，继而给圣像画师当助手，在辗转于这种种工作期间感受到读书的乐趣，置身社会底层的同时持续自学。高尔基在 1892 年作为作家崭露头角，并于 1898 年出版了自己的第一套作品集，这些作品描写了社会底层民众的生活，这是此前俄罗斯文学不曾有过的。由于该作品集大受欢迎，高尔基这个笔名随

书房里还摆放着高尔基收集的东方装饰品

高尔基晚年所居的宅邸也是代表莫斯科的新艺术派建筑，采用了以波浪为主题的楼梯等新颖设计

与斯大林融洽交谈的高尔基

之为国内外所知。1902 年，他又以这个笔名发表了后来成为其代表作的剧本《底层》，并在莫斯科艺术剧院初演。

作为作家而广为人知的同时，他又开始投身革命运动并时常遭到逮捕。1906 年，高尔基被迫逃往国外，七年后回国。1917 年，沙皇帝政的统治终于崩溃。高尔基又倾力于创建出版社等文化活动，最终以疗养结核病为由再度前往意大利生活。返回母国居住，是在 1931 年。他被分配了豪华宅邸，于 1934 年组建全苏作家同盟并出任主席。两年之后，在莫斯科郊外去世。

### 马克西姆·高尔基的历程

| | |
|---|---|
| 1868 年 | 出生于下诺夫戈罗德 |
| 1876 年 | 外祖父的工厂破产倒闭 |
| 1892 年 | 在铁道工厂打工的同时，执笔写作的短篇小说发表在当地报纸上 |
| 1898 年 | 第一套作品集出版 |
| 1899 年 | 长篇小说《福玛·高尔杰耶夫》出版 |
| 1901 年 | 发表散文诗《海燕》、剧本《小市民》 |
| 1902 年 | 发表剧本《底层》 |
| 1905 年 | 受"流血星期日事件"牵连而被逮捕 |
| 1906 年 | 经由美国迁居意大利卡普里岛。发表剧本《敌人》 |
| 1907 年 | 《母亲》出版 |
| 1913 年 | 《童年》出版。返回俄罗斯 |
| 1916 年 | 《在人间》出版 |
| 1917 年 | 十月革命爆发 |
| 1921 年 | 为疗养结核病而迁居意大利的索伦托 |
| 1923 年 | 《我的大学》出版 |
| 1931 年 | 在斯大林的安排下返回苏联 |
| 1936 年 | 在莫斯科郊外去世 |

专栏：文豪笔下的城市

# 圣彼得堡
存留着十九世纪风貌的人工之城

陀思妥耶夫斯基、屠格涅夫和托尔斯泰同步踏入的十九世纪，也被称为俄罗斯文学史上的黄金时代。在这个时代，俄罗斯拥有莫斯科和圣彼得堡这两个首都。圣彼得堡是十八世纪初叶，在彼得大帝的指挥下，以西欧诸国为参考而建成的人工之城。其工程始于 17C3 年，填埋了涅瓦河口的沼泽之后，再用从全国征集来的石块建造城市。1712 年，这里被赋予首都的地位，于 1754 完成了王宫（即冬宫，现为爱尔米塔什美术馆）的建造。与这座王宫相邻相接的，是海港都市象征的海军部，以海军部为中心呈放射状辐射出的街道延展开去。1800 年，这座城市的人口达到了二十二万人。

上述三个文豪于不同时期曾在这座城市生活过，只是与此地缘分更为深厚的，还是陀思妥耶夫斯基。在第二次世界大战激烈的围城战期间，圣彼得堡被战火破坏，地名以及街道名称也因时代变迁而有所变化，不过石造的沿街建筑却存留着陀思妥耶夫斯基在此生活期间的风貌，今天仍然可以在他的数处居所以及作品中感受到。其代表作《罪与罚》当然也是以圣彼得堡为背景，出现在这部作品里的各式建筑物，依据其描绘亦能推测出来。譬如主人公拉斯柯尔尼科夫在"S 巷"（旧巷）的居所，还有在那前方"七百三十步"的、被他杀害的高利贷老太婆的居所等。在该作品里成为重要场景的干草广场（见下图），现在也成了《罪与罚》粉丝们的观光场所。

第六部分
# 北欧和意大利的文豪

由易卜生的晚年所居公寓改建而成的易卜生博物馆于 1900 年开设并运营。其写出一生中最后两部作品所用的书房也得以再现

经历失意之后，作为大作家返回母国
# 亨利克·易卜生之家
 HENRIK IBSEN 1828—1906

亦被称为现代戏剧之父的人物。他以国外为据点开展活动期间写作的《布朗德》和《培尔·金特》等作品收获了成功。回国后，还写出了《社会栋梁》和《约翰·盖勃吕尔·博克曼》。当时，他的作品被视为丑闻性的东西，如今其作品在世界范围内的上演频率仅次于莎士比亚。

在易卜生博物馆里，沿用保存在各地的、易卜生使用过的家具复原了这一家人当年生活的房间

易卜生出生于港口小镇希恩一个富裕的商人家庭。不过在其年幼时，父亲在事业上失败，以小镇中心的大屋为首，家庭资产被变卖一空，一家人迁居到郊外的夏季别墅。易卜生十五岁时离开父母，开始在格里姆斯塔镇上的药店里当学徒。他的第一部剧本《凯蒂琳》，就是在药店忙碌之余于二十岁时创作而成的。此后，他便作为剧作家崭露头角，年纪轻轻就在卑尔根以及克利斯丁亚那（现称奥斯陆）的、使用挪威语言的剧场担任舞台编导等要职。可是在当时的挪威，使用丹麦语言演出是主流，历时尚浅的挪威语剧场的经营很是艰难。

1864 年，易卜生决定寻求国外的发展，便接受奖学金以及友人的帮助，离开了挪威。他和妻子以罗马、德累斯顿和慕尼黑等地为据点展开活动，后又旅居意大利的索伦托和阿玛尔菲海岸的疗养地并坚持创作。

长时间的国外生活使他获得巨大成功，终于在 1891 年回到母国居住。1895 年之后，易卜生住在王宫近旁的公寓里，书房中装饰着被视为竞争对手的、比自己小二十岁的作家斯特林堡的肖像画，这件事广为人知。1896 年，易卜生发表了《约翰·盖勃吕尔·博克曼》。奥斯陆国立剧场于 1899 年完工，时至今日，其上演的戏剧一直都以易卜生的作品为主。

### 亨利克·易卜生的历程

|  |  |
|---|---|
| 1828 年 | 出生于希恩 |
| 1844 年 | 在格里姆斯塔镇上的药店当学徒 |
| 1848 年 | 执笔创作剧本《凯蒂琳》 |
| 1850 年 | 自费出版《凯蒂琳》。迁居卑尔根以及克利斯丁亚那（奥斯陆） |
| 1851 年 | 成为卑尔根挪威剧场的专属剧作家兼舞台编导 |
| 1853 年 | 《圣约翰之夜》初演 |
| 1857 年 | 出任克利斯丁亚那挪威剧场的艺术编导 |
| 1858 年 | 《海尔格兰的海盗》初演 |
| 1864 年 | 迁居意大利（国外生活由此开始） |
| 1866 年 | 诗剧《布朗德》出版 |
| 1867 年 | 《培尔·金特》出版 |
| 1879 年 | 在阿玛尔菲写作《玩偶之家》，同年初演 |
| 1885 年 | 《野鸭》初演 |
| 1891 年 | 结束在国外的生活，回到克利斯丁亚那 |
| 1895 年 | 《小艾友夫》初演 |
| 1897 年 | 《约翰·盖勃吕尔·博克曼》初演 |
| 1899 年 | 挪威国立剧场开业，上演《人民公敌》 |
| 1906 年 | 去世 |

拉格洛芙收回后经过改建的莫尔巴卡

身为作家获得成功并收回家族记忆之地

# 塞尔玛·拉格洛芙之家

 **SELMA LAGERLÖF 1858—1940**

第一位获得诺贝尔文学奖的瑞典作家,以新浪漫主义代表作《古斯泰·贝林的故事》亮相于文坛,后因其以农民集体迁居耶路撒冷为题材创作的《耶路撒冷》和被委托撰写初等教育地理读本而写出的《尼尔斯骑鹅旅行记》而广为人知。晚年时期,她还投身于妇女解放运动。

养育了塞尔玛·拉格洛芙的莫尔巴卡庄园,位于瑞典中西部的韦姆兰省孙衲市。因为年幼时患有足疾而沉溺于读书,拉格洛芙本人很早便开始写作。她在二十三岁时决心自立谋生,便离开生身之家,升入师范学校求学,其后在位于兰兹克罗纳的女子学校任教。由于父亲离世,莫尔巴卡庄园无法继续经营下去,土地以及建筑物全都变卖给了他人。

为拉格洛芙收回一度失去的家族记忆之地做出贡献的,是她从年幼时期便持续不断的创作。1890 年,她在杂志的有奖征文活动中入选,翌年便出版了这部入选作品的全文版长篇小说《古斯泰·贝林的故事》。这部作品以故乡韦姆兰当地的传承为主要内容,被译为丹麦文后受到好评,她的名字在国外也开始为人所知。从 1890 年起,她专注于创作活动,

被书架围拥着的莫尔巴卡的书房

依据拉格洛芙的遗愿,莫尔巴卡保持着当年的状态,现在对外公开展示

发表了《耶路撒冷》和《尼尔斯骑鹅旅行记》。1909年,拉格洛芙作为瑞典人、作为女性,第一个获得诺贝尔文学奖。她用此前几年间因写作而获得的资金买回了莫尔巴卡庄园的建筑物和土地,此时又动用诺贝尔文学奖的奖金,成功买回了所有与家族记忆相关的土地。

原建于1793年的宅邸,在1921年至1923年被改建,变身为新古典主义样式的风格。拉格洛芙在这里写出了《莫尔巴卡》(全三卷)等作品。另一方面,身为庄园经营者,拉格洛芙同样施展出非凡的才华,有一段时期还向市场提供了以她的名字命名的燕麦片。

### 塞尔玛·拉格洛芙的历程

| | |
|---|---|
| 1858年 | 出生于韦姆兰省孙讷市的莫尔巴卡庄园,是五个孩子中的老四 |
| 1885年 | 从师范学校毕业后,在兰兹克罗纳的女子学校任教 |
| 1889年 | 莫尔巴卡转入他人之手 |
| 1891年 | 《古斯泰·贝林的故事》出版 |
| 1895年 | 在王室和瑞典皇家科学院的支持下,专注于创作活动 |
| 1897年 | 迁居法隆市 |
| 1901年 | 《耶路撒冷》第一部出版,翌年其第二部出版 |
| 1906年 | 《尼尔斯骑鹅旅行记》(第一部)出版 |
| 1907年 | 《尼尔斯骑鹅旅行记》(第二部)出版。买回此前变卖的宅邸和庭园 |
| 1909年 | 获得诺贝尔文学奖 |
| 1922年 | 自传《莫尔巴卡》出版 |
| 1925年 | 《勒温斯德》三部曲(1925—1928)出版 |
| 1930年 | 《一个孩子的回忆》《莫尔巴卡 第二卷》出版 |
| 1932年 | 《莫尔巴卡日记》(《莫尔巴卡》第三卷)出版 |
| 1933年 | 《地上的文字》出版 |
| 1940年 | 去世 |

由墙壁颜色而命名的,被称为绿色房间的布里克森的生身之家的一个房间

于故乡丹麦回首肯尼亚十八年
# 凯伦·布里克森之家
 KAREN BLIXEN 1885—1962

从二十世纪四十年代后半期开始真正意义上的创作活动,是一位用丹麦文和英文发表作品的女作家。其英文版所用男性笔名伊萨克·迪内森广为人知。继回忆其肯尼亚生活的《走出非洲》之后,其短篇小说集《命运轶事》收录的《巴贝特的盛宴》也被改编为电影并获奥斯卡最佳外语片奖。

现已成为博物馆的生身之家也有池塘，周围是迥异于非洲的自然景色

凯伦·布里克森于1885年出生于伦斯特德，在自己家中接受教育之后，前往哥本哈根的皇家美术艺术学院学习，二十二岁时在文艺杂志上发表了自己的作品。

1914年，她和父系的亲戚瑞典人布罗尔·布里克森男爵同往殖民地时代的肯尼亚并与之结婚，在内罗毕近郊经营咖啡农场。自1917年起，她所居住的、位于恩刚山麓的孟加拉样式（屋顶平缓、房檐深长、带有平台的）单层平房的建筑物，被她称为"森林之家"。与布罗尔的婚姻生活结束之后，她仍然留在这里经营咖啡农场，后因火灾以及世界性经济危机的影响，她放弃继续经营农场，于1931年回到丹麦，此后再也没有返回肯尼亚。

凯伦·布里克森的生身之家位于面对厄勒海峡的地方，她再度生活在这里，并开始了真正意义上的创作活动。她的书房之名缘于丹麦诗人约翰·埃瓦尔，被称为"埃瓦尔之家"。凯伦·布里克森以1934年发表的《七篇哥特式的故事》收获成功之后，再于1937年出版了《走出非洲》。这部追忆肯尼亚生活的作品，后来被拍为电影并获得奥斯卡奖，让业已故去的凯伦·布里克森的名字再度广为传播。

凯伦·布里克森曾生活过的家宅，无论丹麦的生身之家还是肯尼亚内罗毕近郊的宅邸，现在都成为博物馆并对外开放。

凯伦·布里克森的居所为孟加拉样式平房,前部为探出巨大挑檐的游廊

陈设着附有头部的狮子毛皮的内罗毕居所

## 送给独立了的肯尼亚的礼物

凯伦·布里克森生活在肯尼亚期间,肯尼亚还是英国的殖民地。肯尼亚获得独立,是在 1963 年,当时该国政府收到一份礼物——凯伦·布里克森曾生活于斯的宅邸。买下这处已售予他人的居所并将其作为礼物送给肯尼亚政府的,是凯伦·布里克森的母国丹麦政府。

其后不久,布里克森的故居被用作大学的校舍,《走出非洲》在 1985 年起被拍成电影,这里从 1986 年起变身为国立凯伦·布里克森博物馆。由于这所博物馆的建立,凯伦·布里克森在离开肯尼亚之际变卖一空的家产也被捐赠回来,与和这部电影相关的各种物品一同展示。

| 凯伦·布里克森的历程 | |
| --- | --- |
| 1885 年 | 出生于丹麦的伦斯特德 |
| 1903 年 | 入皇家美术艺术学院 |
| 1907 年 | 在文艺杂志刊载《隐士们》 |
| 1914 年 | 与布罗尔·布里克森结婚,迁居肯尼亚,在内罗毕近郊经营咖啡农场 |
| 1916 年 | 创建凯伦咖啡公司 |
| 1918 年 | 与后来成为其情侣的英国猎手丹尼斯·芬奇·哈顿邂逅 |
| 1921 年 | 与布罗尔分居,继续经营咖啡农场 |
| 1925 年 | 与布罗尔离婚 |
| 1931 年 | 由于世界性经济危机等影响,失去了咖啡农场并返回祖国丹麦。在此之前,哈顿因飞机失事而死亡 |
| 1934 年 | 《七篇哥特式的故事》出版 |
| 1937 年 | 《走出非洲》出版 |
| 1942 年 | 《冬天的故事》出版 |
| 1958 年 | 《命运轶事》出版 |
| 1962 年 | 去世 |

宅邸是一座拥有圆形剧场和军舰的巨大复合建筑体
# 加布里埃莱·邓南遮之家
 **GABRIELE D'ANNUNZIO 1863—1938**

活跃于十九世纪末至二十世纪初的意大利诗人、小说家和剧作家。十六岁时自费出版的诗集引起关注，曾发表被称为唯美主义代表作的小说《死之胜利》以及请德彪西谱曲的剧本《圣塞巴斯蒂安的殉难》。还作为军人和政治家展开活动。

在邓南遮死去六十二年后的 2000 年,设立了其生前所构想的军事博物馆

加布里埃莱·邓南遮出身于富有之家,十六岁时发表了处女作诗集,少年时代便引起了关注。其后,他以罗马和塞蒂涅亚诺等地为据点,接连发表诗歌、小说和剧本等作品,显现出自己的才华。可是另一方面,却又传出他与杜塞等诸多女性之间的艳闻,还因债台高筑而逃亡法国。第一次世界大战期间,邓南遮作为飞行员参战,一次紧急迫降致使他的一只眼睛失明。

他还是国粹主义者,于 1919 年率领一支志愿军,占领了意大利主张拥有的阜姆城(现为克罗地亚的里耶卡),最终投降。其后他在失意中前往加达湖畔的疗养地加尔多纳小镇。之后,他经年累月地建造出犹如巨大的艺术作品般的复合建筑"维托里亚莱别墅"。这座复合建筑的中心是从一个德国历史学家手里买下的宅邸,在建筑家的协助下,他将其改建为以适应现代都市生活的简单和直线型设计为特征的装饰艺术风格。以书房以及寝室和浴室为中心,其室内外装饰了从世界各地收集来的大量艺术品。最初为两公顷的宅地,最终被扩展至九公顷。这里建造了可以眺望加达湖的圆形露天剧场,海军赠送的军舰被围拥在树丛里。1938 年去世之前,邓南遮一直生活在这里,死后则被葬在建于宅地内高台上的灵庙中。

| 加布里埃莱·邓南遮的历程 | |
|---|---|
| 1863 年 | 出生于佩斯卡拉 |
| 1879 年 | 诗集《早春》出版 |
| 1881 年 | 入罗马大学 |
| 1883 年 | 与玛利亚结婚(后于 1891 年离婚) |
| 1889 年 | 《欢乐》出版 |
| 1891 年 | 迁居那不勒斯 |
| 1892 年 | 《无辜者》出版 |
| 1893 年 | 迁居滨海弗兰卡卡维拉 |
| 1894 年 | 《死之胜利》出版 |
| 1897 年 | 被选为下议院议员 |
| 1898 年 | 为与情人同居而迁居塞蒂涅亚诺,发表剧本《死城》 |
| 1900 年 | 《火》出版 |
| 1901 年 | 发表剧本《弗兰切斯卡·达·里米尼》 |
| 1910 年 | 因债台高筑而逃亡法国 |
| 1911 年 | 发表剧本《圣塞巴斯蒂安的殉教》 |
| 1915 年 | 归国后参加第一次世界大战 |
| 1919 年 | 占领阜姆城,翌年投降 |
| 1921 年 | 迁居加尔多纳小镇,开始建造维托里亚莱别墅 |
| 1938 年 | 去世 |

阿部公彦（Abe Masahiko）
1966 年出生于横滨市，现任东京大学副教授，专业为英美文学研究、文艺评论。著有《领会英语诗歌的方法》《凝视文学》《叫作幼稚的战略》等。另译有马拉默德的《魔桶 并十二篇》等。

阿部贤一（Abe Keniti）
1972 年出生于东京，现任东京大学研究生院人文社会系副教授，专业为中欧文化论、比较文学。著有《复数形的布拉格》《狄俄尼索斯祭祀——酒与文学的盛宴》（共同编著），另译有博胡米尔·赫拉巴尔的《一缕秀发》、迈克尔·艾瓦兹的《黄金年代》等。

楯冈求美（Tateoka Kumi）
1967 年出生于东京，现任东京大学研究生院人文社会系副教授，专业为俄罗斯文化论。合著《讲座文学 5： 戏剧和演出》《创像都市彼得堡——历史·科学·文化》《俄罗斯之南》等。

平山令二（Hirayama Reiji）
1951 年出生于新潟市，现任中央大学法学部教授，专业为德语、德语文学（尤其是十八世纪）。著有《传记：安藤昌益＜西洋真营道＞》《德语文法》等。译有《歌德与席勒往来书简》（上下卷／合译）等。

协助编辑者
奥山裕介（Okuyama Yuusuke）
大阪大学研究生院文学研究专业博士后期课程在学，2013 年度日本学术振兴会特别研究员，专业为丹麦近代文学以及北欧地域文化论。主要业绩有论文《作为跳跃的条件之不安——卡伦·布里克森在＜诗人＞中的乐园驱逐之想起和反复》（《世界文学》第 123 期）等。